Siglinde Schnitzler

Stroh zu Gold spinnen
Wege aus der Krise

EIN GEDANKENGANG
IN DIE MÄRCHENWELT
DER LEBENSWEISHEIT

NACH DER PHILOSOPHIE VON

 ARS VIVENDI

FSC
www.fsc.org
MIX
Papier aus ver-
antwortungsvollen
Quellen
Paper from
responsible sources
FSC® C105338

Herstellung und Verlag: Books on Demand GmbH, Norderstedt
ISBN 978-3-8482-0545-5

Geheimnisvolle,

verborgene,

wiederentdeckte

LEBENS
WEISHEIT

Schloss Pottendorf
Alte Schlossmühle

Was ist die Verbindung der
MÄRCHEN
mit dem Schloss Pottendorf ?

ES IST DIE

MÄRCHEN·WELT
DER LEBENS·WEISHEIT DER
ARS·VIVENDI

So wie in den Märchen Lebensweisheiten verborgen sind, so sind im Schlosspark DEVAS, Baumengel, Elfen und andere NATUR·WESENHEITEN verborgen. Die Märchen offenbaren diese Weisheiten, die Bäume und Baumgruppen des Schlossparks offenbaren diese NATUR·WESENHEITEN und wenn wir uns AUF IHRE FREQUENZ EINSTELLEN, können wir mit IHNEN kommunizieren.

Im weitesten Sinne ist es "BIO·RESONANZ" - und kann zum ENERGETISCHEN AUSGLEICH, zur REGENERATION und zum Aufbau eines STABILEN energetischen IMMUN·SYSTEM führen.
Hier schließt sich der Kreis zum

WISSENS·ZENTRUM FÜR
NATUR·HEIL·KUNDE
QUANTEN·MEDIZINISCHE
INFORMATIONS·ENERGETIC
NOETIK

Märchen
der Lebensweisheit

Schloss Pottendorf
Alte Schlossmühle

von

Siglinde Schnitzler

EINE VIELZAHL VON ORBS
- SICHTBAR GEWORDENE LICHT·WESEN -
BEGRÜSSEN DICH BEIM SCHLOSS POTTENDORF

DER "GEIST" DER ERNEUERUNG UND BEFREIUNG
AUS DEN ZWÄNGEN DES KARMAS

DIE WELLENLÄNGE ENTSCHEIDET ÜBER DIE DIMENSION

ORBS

Was sind sie ? Was wollen Sie uns sagen ?

Ist es tatsächlich so, dass wir vor epochalen Veränderungen stehen und sie uns "helfen" wollen die

ANDER·WELT

zu verstehen und ihre Existenz zu akzeptieren ?

Gibt es sie tatsächlich die Welt der Elfen, Naturwesen, Baumengel ? Stimmt das was keltische Sagen aus Irland belegen, dass "Elfen" hochentwickelte "Techniken" zur Wetter- und Gedankenkontrolle beherrschen, indem sie bestimmte Frequenzen benutzen ? Hat das etwas mit der "Wellenlänge" unseres Bewusstseins zu tun - mit unserem energetischen Körpermuster - dass wir sie noch nicht sehen können ? Wird dieser Schleier dünner, beginnt sich der Vorhang zu heben, wenn wir unser Bewusstsein verändern ?

IST DAS NOETIK
- DIE BEWUSST·SEINS·EINSTELLUNGS·ENERGIE ?

Ist das eine Erklärung für

BIO·RESONANZ

und für HEILUNGEN die dadurch geschehen können ?

ORBS sagen von sich selbst
- LICHTBOTEN ZU SEIN, der ANDER·WELT-
der WELT hinter dem Schleier, gleich AVALON.
Künder und Botschafter einer höheren, liebevollen Macht,
die die tröstlichen Worte zu uns spricht:

 ## "DU BIST NICHT ALLEIN -
ALLES IST GUT"

WILLKOMMEN IN POTTENDORF

DIE MÄRCHEN·WELT
DER LEBENS·WEISHEIT

Alles in unserer Welt ist eine Wellenform (manchmal auch Muster genannt oder Sinuswellensignatur) oder könnte sogar als Klang gesehen werden. Alle Objekte - euer Körper, Planeten, absolut alles - sind Wellenformen. Wenn ihr euch für diese bestimmte Sicht der Wirklichkeit entscheidet und diese Sicht über die Realität der musikalischen Harmonie schichtet (ein Aspekt von Klang/Schall), können wir anfangen, von unterschiedlichen Dimensionen zu sprechen.

DIE WELLENLÄNGE ENTSCHEIDET ÜBER DIE DIMENSION

Die verschiedenen Dimensionsebenen sind nichts anderes als Wellen-längen mit unterschiedlicher Grundgeschwindigkeit. Der einzige Unterschied zwischen dieser Dimension und irgendeiner anderen ist die Länge ihrer Basis-Wellenform. Es ist ganz genauso wie beim Fernsehen oder Radio. Wenn man die Einstellungen vornimmt, fängt man unterschiedliche Wellenbereiche auf. Dann bekommt man ein anderes Bild auf den Bildschirm, oder beim Radio einen anderen Sender. Exakt das gleiche gilt für dimensionale Ebenen.

Würde man die Wellenlänge seines Bewusstseins ändern - und damit sämtliche Körpermuster auf diese Wellenlänge ändern, die sich von der dieses Universums unterscheidet, so würde man buchstäblich aus dieser Welt verschwinden und in der wieder auftauchen, auf deren Frequenz man sich eingestellt hat.

UND GENAU DAS GESCHIEHT IN POTTENDORF

SCHLOSS POTTENDORF
DER SCHLOSS·PARK
EINDRÜCKE · GEFÜHLE

SCHON WENN DU DEN PARK BETRITTST,
HAST DU DAS GEFÜHL
IN EINE "ANDERE WELT" EINZUTAUCHEN.

Von Lärm, Stress, Hektik und Alltag keine Spur mehr und das schon nach ein paar Schritten. Dann stehst Du einfach mal da mit großen Augen, wie ein kleines Kind vorm Weihnachtsbaum und staunst nur. Ist ja fast schon zu schön um wahr zu sein - mit der herrlichen Sonne gestern hatte es fast schon etwas Mystisches.

DIESE KRAFT UND ENERGIE
- MIT DIESER ABSOLUTEN RUHE -
VERBUNDEN MIT DIESER
FREUDE, WÄRME UND LIEBE
WAR FÜR MICH EINZIGARTIG.

ES KAM MIR VOR,
ALS WÜRDE JEMAND DIE ZEIT ANHALTEN...

ICH BIN DANN EINFACH MAL GEGANGEN UND
HAB MICH FÜHREN LASSEN,

da waren diese schönen Lichtkegel, die sich ihren Weg durch die Blätter und Bäume gesucht haben und das alles leuchten/ strahlen ließen.

Schloss Pottendorf
Alte Schlossmühle

Das Wasser, das so klar und frisch über die Steine
geschwappt ist und die Umgebung gespiegelt hat,
DIESE WUNDERBAREN ALTEN BÄUME
DIE SO VIEL "ERZÄHLEN"
und auch die Menschen die mir dort begegnet sind
- egal ob jung oder alt - die waren genauso
VOLLER POSITIVER ENERGIEN
(zumindest hab ich sie so wahrgenommen).

Neben dieser einzigartigen Stimmung begann vieles zu
arbeiten. Begonnen hat es mit einem alten Angstmuster
von mir, das ich präsentiert bekommen habe. Dann habe
ich diese Mauer gefühlt, die ich mir aufgebaut habe und
ich habe - zumindest versucht - die ersten Steine zu
entfernen um da mal mehr hinein zu spüren. Anfangs hat
es sich schwer angefühlt - so als würde mir jemand die
Luft "abschnüren" und **DANN HAT SICH DAS GELÖST UND
GANZ TOLL ANGEFÜHLT.**

B.P.

★

DIE BEWUSST·WERDUNG
WIRD BESCHLEUNIGT -
DIE ERFAHRUNG
DES NICHT·NENNBAREN
BEWIRKT !

S.v.P.

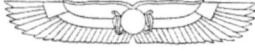

Schloss Pottendorf
Alte Schlossmühle

So erblicke
die Visionen des Herzens,
fühle die Schwingung,
und lasse Dich forttragen
von den großen Strömen
in die Ewigkeit, in das Unendliche.

SCHLOSS POTTENDORF - DIE ANDER·WELT

MENSCHEN MEINEN
WAS SIE SEHEN - SEI DIE REALITÄT
ES IST JEDOCH NUR DIE SPIEGELUNG
DER REALEN FEEN·WELT
★
HIER STEHEN DIE SCHAFE AUF SICHEREM GRUND
UND DAS SCHLOSS SPIEGELT SICH IM WASSER...

WIE ICH DAZU KAM,
DIESE MÄRCHEN ZU SCHREIBEN

In meiner letzten Ehe hatte ich das Gefühl, auf einer Bühne zu stehen ohne zu wissen, in welchem Theaterstück ich mich befand: war es Romeo und Julia oder Don Giovanni oder Irrungen und Wirrungen ? Keine Ahnung, was da um mich herum geschah !

Ich verließ diese Ehe ratlos, orientierungslos und verwirrt. Tausend Gedanken schwirrten quälend in meinem Kopf herum und ich konnte sie nicht stoppen, bis ich erschöpft ausrief: "Oh, Gott in Deine Hände leg ich meinen Geist !" Und damit gab ich auf, es durch mein Denken verstehen zu wollen.

Bald darauf begann ich, vor meinem inneren Auge eine Menge unzusammenhängende Bilder zu sehen, dann vereinzelte kurze Szenen, wie etwa Teile aus verschiedenen Märchen, die immer deutlicher wurden. Darauf hatte ich das dringende Bedürfnis, sie zu ordnen und fing zunächst mit einer Geschichte an. Es dauerte nur einige Tage, bis sie alle auf Papier waren. Ich fühlte dabei kaum, dass es Raum und Zeit gab. Jedes Märchen führte aus einem glücklichen Zustand in eine fatale Krise, in eine verzweifelte Lage, deren Lösung aber beim Schreiben wie ein Licht vom Himmel fiel.

Sie alle hatten meine Lebensthemen zum Inhalt (uralte und auch jüngere), die ich bis dahin uneingesehen mit mir herumgeschleppt hatte und nun ans Licht gehoben worden waren. Am Ende hatte ich Frieden und Stille in mir.

Dank sei meinem großen Herausforderer, der dies alles in mir aufgewühlt hat, und all jenen irdischen und überirdischen Helfern, die mir beigestanden sind, die Ordnung in allem zu erkennen.

Siglinde Schnitzler

Als ich einst in meinen Träumen
über Wiesen und Wolken schritt,
da sah ich einen
bernsteinfarbenen Schmetterling.
Er flatterte an meinem Ohr
und ich hörte seine Stimme:
"Du hattest DICH noch nicht gesucht,
da fandest DU mich,
nun heiße ich DICH, mich verlieren,
um DICH zu finden... "

Schloss Pottendorf
Alte Schlossmühle

LEBENS·WEISHEIT IN MÄRCHEN

... zum Nachdenken, Nachfühlen und Erkennen...

Schloss Pottendorf
Alte Schlossmühle

Siglinde Schnitzler

Stroh zu Gold spinnen

Wege aus der Krise

DIE HEXE SAKRIFICIA
Wenn man sich verführen lässt sich aufzuopfern

DAS RÄTSEL DER MASKEN
Bedürftigkeit und Enttäuschung

DIE BRUNNENFRÖSCHE
Verstrickung beim Versuch, den anderen ändern zu wollen

DIE MACHT DES ENTENFÜTTERERS
Abhängigkeit von dem, was dir ein anderer bietet

DIE WÜRGERFEIGE
Wie dich dominante Menschen erdrücken können,
wenn du es zulässt…

DIE TYRANNEI DES STROHHALMS
Lernen durch Eigenverantwortung

SIMULA DIE RETTERIN
Verblendung durch die "Wohltaten" des anderen

DIE GUTE HIRTIN
Die Versuchung, einen anderen glücklich machen zu wollen

DER VERGESSENE PLAN
Zwei Menschen helfen einander,
sich an ihre wahre Herkunft zu erinnern

BLAUBÄRTCHEN
Vom Versuch, einen Menschen zu lieben,
der sich selbst hasst

DIE BEIDEN UNERKANNTEN
Wie das innere Kind, der Erwachsene
und das Höhere Selbst zu einer Einheit werden

DER BELOGENE PRINZ
Die Auswirkung eines vermeintlich gefährlichen
Geheimnisses in einer Beziehung

DIE DURSTIGE NYMPHE
Über den Glauben an die grundlegende
Unschuld des Menschen

ENTSCHEIDUNG AN DER MAUER
Akzeptanz und Loslösung

ZWEI ALTE KINDERWÜNSCHE
Zwei Welten stoßen unheilvoll aufeinander

DIE BEIDEN PILOTEN
Schuld und Fehler

DER WEG DER FISCHERIN
Über die Macht der Gedanken

DIE HEXE SAKRIFICIA

Es war einmal eine alte Hexe, die am Straßenrand in einer wackligen Bretterbude hauste. Sie war schon sehr schwach, und die Lebensfreude war ihr aus den Knochen gewichen. Sie saß in ihrem Stuhl und schaute mit todtraurigen Augen in die Welt. Da kam eines Tages ein junger Prinz vorbei, vergnügt und voll der Güte. Als er das Häuflein Elend, das die Hexe war, erblickte, rührte sich sein gutes Herz, und seine Schritte stockten. Da sah er in ihren toten Augen ein heißes kleines Fünkchen Hoffnung blitzen, das sich an ihn klammerte. Der Prinz war wie gelähmt, er konnte diesem wilden Flackern nicht entkommen. So blieb er fortan bei der Hexe und diente ihr getreulich. Gleich sperrte sie ihn in ihr Ställchen ein und ließ ihn einmal täglich frei für eine Stunde, um ihr Milch zu holen.

Der Prinz wusste nicht recht, wie ihm geschah, und wurde von Tag zu Tag trauriger und müder. Wie konnte er sich daraus wieder lösen, ohne die Hexe in ihr altes Unglück zurückzustoßen? Jetzt, wo er doch selber fühlte, wie traurig Traurigkeit war ?

Doch eines Tages, auf dem Weg zur Milch, begegnete ihm eine wunderschöne Prinzessin, und aus ihren Augen leuchtete Freiheit und Freude. Das traf ihn tief. Er konnte diesen Glanz nicht mehr vergessen, und heiße Sehnsucht erfasste sein totes Herz. Und auch sie träumte nachts von den heimlichen Tränen eines Prinzen.

Sie traf ihn wieder, doch er blieb ergriffen stumm und senkte seinen Blick. Tief berührt und wie gebannt folgte sie ihm bis zu seinem Ställchen. Und ehe sie sich's versah, war sie mitten drin. Und die Hexe grinste. Nun hatte sie der Diener zwei.

Beklommenen Herzens sah sich die Prinzessin um, war sie doch ihr Schloss gewöhnt. So rasch hat sich ihr Los gewendet, nur weil die traurigen Augen eines Prinzen sie betörten! Doch hier konnte sie nicht bleiben. "Lieber Prinz", sagte sie, "wollen wir nicht weg von hier?" Aber der Prinz meinte, es wäre doch sehr herzlos, die alte Hexe allein zurückzulassen. Da fühlte sie sich beschämt, sie schwieg und blieb. Müde setzte sie sich in eine Ecke des Ställchens, schloss ihre Augen und träumte von der schönen Welt da draußen. Und schließlich verlosch der Glanz in ihren Augen. Das Leben draußen gehörte nicht mehr ihnen, so dachten sie.

Es gab nur noch den eingefahrenen kurzen Weg zur Milch. Doch eines Tages traf der Prinz auf diesem Weg ein Mädchen aus dem Dorf. Sie merkte nicht die Traurigkeit in seinen Augen und plauderte und plauderte, und erzählte ihm viele kleine Geschichtchen aus ihrem Leben, sie lachte und gestikulierte und schlenderte mit ihm durch die kleinen Gässchen bis es dunkel wurde. Fröhlich verabschiedete sie sich. Allein gelassen, kamen dem Prinzen erschreckt die Gedanken an die Hexe, die Milch, die Prinzessin und das Ställchen zurück. Doch in der Dunkelheit fand er den Weg zurück nicht mehr.

Müde und erschöpft entschlummerte er auf den Stufen eines Brunnens und träumte von vielen kleinen Abenteuern. Nächsten Morgen fand er heim. Und die Prinzessin sah in seinen Augen Angst, Schuld und ein kleines blitzendes Fünkchen Leben. Sehr bald verstand sie, dass sich etwas wiederholte: es war Ersatz für sie gefunden: ein neues Mädchen, das Freude in sein tristes Leben brachte. Der Prinz, der brauchte sie nicht mehr. Sie durfte sich befreien.

Sie holte alle Kraft zusammen, und blitzartig durchbrach sie den Riegel des Ställchens und lief und lief und lief bis auf den entfernten Hügel jenseits des Dörfchens. Erschöpft und außer Atem legte sie sich in die sonnige Wiese und fiel befreit in einen tiefen Schlaf.

Und im Traum erschien ihr die alte Hexe, doch diesmal schalkhaft lächelnd. "Gut gemacht, mein Schätzchen", sagte sie. "Ich verstehe nicht, ich hab dich doch allein zurückgelassen!", stammelte die Prinzessin ungläubig. "Ja, mein Kind. Aber solang mich jemand nährt, muss ich die Opfer-hexe spielen. Und ich liebe diese Rolle nicht. Ich will daraus erlöst werden. Verstehst du mich?"

"Das heißt, dir ist gedient, wenn man dir nicht dient, wenn man dir nicht mehr in die Mitleids-Falle geht?", fragte die Prinzessin erleichtert. "Ja, so ist's, mein kluges Kind", erwiderte die Hexe. "Und weiß das auch der Prinz?" fragte sie ganz aufgeregt.

"Naja, er opfert mir sein Leben schon sehr widerwillig, ich bin zuversichtlich, dass es nicht mehr allzu lange dauern wird. Vertraue ihm und bleib auf deinem Weg der Freiheit." Mit diesen Worten endete der Traum.

Da fiel es der Prinzessin wie Schuppen von den Augen und sie verstand. Zum ersten Male fühlte sie sich wirklich frei. Sie breitete die Arme aus, dankte allen guten Geistern und freute sich auf die Wunder des Lebens.

DAS RÄTSEL DER MASKEN

Es war einmal ein Mädchen, das war so unschuldig, so wehmütig und voller Sehnsucht, als wäre sie gerade aus dem Paradies gefallen. Sie wanderte einsam durch die Wüste und wusste nicht recht, warum sie so traurig war. Sie wanderte Stunden um Stunden, bis sie sich erschöpft und durstig niederließ. Die Augen hielt sie halb verschlossen.

Da war es ihr, als zuckte vorn ein heller Schein, sie riss die Augen auf und siehe da: am Horizont vor ihr war ein Antlitz so voll Milde, Güte und Schönheit, dass sie im selben Augenblick erfüllt war von Frieden, Glück und Seligkeit. Alles war vergessen: ihr Durst, ihre schmerzenden Füße, ihre Einsamkeit und ihre Sehnsucht. Es war, als hätte sie gefunden, was sie vor langer Zeit verloren und längst vergessen hatte. Lange blieb sie versunken in den Anblick des Gesichts, dann näherte sie sich ihm langsam und gebannt, mit ausgestreckten Armen. Je näher sie kam, desto schneller lief sie ihm entgegen.

Und endlich am Ziel, berührte sie es voller Zärtlichkeit. Doch im selben Augenblick schleuderte sie ein scharfer Blitz auf die nächste Düne, und das ach so wunderbare Antlitz verkehrte sich in eine dunkle, feindselige und hässliche Fratze. Da war das Mädchen halbtot vor Schmerz und Angst und Trauer. Sie wusste nicht, wie ihr geschehen war.

Als sie schließlich wieder Kraft fand aufzublicken, da war es wieder da, das schöne Bild. Der Schmerz war weg, und Freude und Hoffnung regten sich in ihr. Und wieder ging sie hin, diesmal ein wenig langsamer, aber ebenso gebannt und voll der Sehnsucht. Aber wieder blitzte und krachte es, und wieder lag sie brennend vor Schmerz am Boden. Sie konnte es nicht lassen, es immer und immer wieder zu versuchen, aber immer geschah genau dasselbe, bis sie so schwach war, dass sie nicht mehr konnte.

Es war genug. Sie gab auf und versank in einen tiefen Schlaf. Und im Traum erschien ihr ein Engel, und er sprach zu ihr: "Halte Abstand. Du stehst vor einem Rätsel. Blick dahinter!" Er legte behutsam seine heilenden Hände auf sie und verschwand.

Als sie erwachte, verspürte sie keine Schmerzen mehr, aber sie war sehr matt und ihre Gedanken zogen schemenhaft an ihr vorüber. "Nicht mehr berühren. Dahinterblicken"? Nach langem richtete sie sich mühsam auf und machte zögernd ein paar Schritte auf das große Rätsel zu. Und machte einen großen Bogen drum herum. Da sah sie dort auf einem Pfahl eine große Kugel sitzend, die sich drehte. Und diese Kugel teilte sich in eine helle und eine dunkle Maske. Und um die Kugel war ein Draht gespannt, und dieser Draht, der war geladen mit tausend Blitzen. Da ward sie nun geheilt von ihrer Sehnsucht nach dem Ding. Heiße Wünsche bringen auch brennende Schmerzen.

Aber was war dahinter? Da war nur leere Wüste, Wind und Himmel. Sie schaute und schaute, und rief und rief, aber es war nichts da, nur sie allein und die Maschine, die sich im Winde drehte, so dass das Weiß und Schwarz zu einer grauen Farbe wurde.

Und sie betrat die große Leere. Sie ging im Kreis, im Kreis, im Kreis, und die Kreise wurden immer größer und weiter, und sie spürte nur mehr sich und die Leere und nichts mehr, was sie anzog oder abstieß. Keine Hoffnung, keine Angst, nur noch das große erhabene Nichts. Die Wüste war leer, ihr Gemüt war leer und ihr Geist war leer. Und es blieb lange so.

Und in diese große Leere hinein hallte eines Tages ein leises "Hallo!" Und in großer Wachheit fragte das Mädchen: "Wo bist du?" - "Ich bin bei Dir", erwiderte das zarte Stimmchen. Und wer bist du?", fragte das Mädchen weiter. "Ich bin ein Kind wie du, alleine in der Wüste, seit urdenklichen Zeiten. Und du bist der erste Mensch, dem ich begegne. Alles andere waren Masken, helle oder dunkle, einerlei". "Ich weiß, wovon du sprichst", entgegnete das Mädchen. "Ich weiß auch, wie sehr sie einen täuschen können. Aber was ist dahinter? Menschen, wie du und ich? Einsam in der Wüste. Auf der Suche nach dem Heimweg ins alte Paradies? Die Masken sind nur Illusion, ohne Bedeutung, bestenfalls nur Amüsement. Nicht der Beachtung wert." Da erhellte sich sein Geist und sie erkannten einander hinter den Masken als Kinder an der Nabelschnur Gottes, seit eh und je, sie hatten es nur vergessen.

"Lass uns gemeinsam weiterwandern, lass uns Wasser und Blumen und Bäume und Früchte und Tiere suchen, lass uns gemeinsam spielen und tanzen und singen" , sprudelte es ihm lebhaft von der Zunge. Und eine uralte schwere Last fiel ab von ihnen und ließ sie frei, um sich zum Tor des Paradieses zu erheben.

DIE BRUNNENFRÖSCHE

Es waren einmal zwei Königskinder, die hatten einander sehr lieb. Sie spielten selig und selbstvergessen miteinander, als wären sie im Paradies. Doch eines Tages fiel das Lieblingsspielzeug des Prinzen, eine goldenen Kugel, in den tiefen Brunnen des Schlossgartens. Der Prinz lief hin, beugte sich über den Brunnenrand, verlor den Halt am Boden und stürzte nach in die Tiefe des Schachts. Die Prinzessin, voll der Panik und des Mitgefühls, sprang hinterher, um dem armen Prinzen beizustehen. Durch den harten Aufprall fiel sie sogleich in eine tiefe Ohnmacht.

Als sie daraus erwachte, sah sie nichts vor Dunkelheit. Sie konnte sich auch nicht erinnern, wie sie hierhergekommen war. Langsam und vorsichtig tastete sie um sich, sie fühlte nichts als feuchten Schlamm, der übel roch. Es drehte sich ihr Magen um. Doch mit der Zeit war sie daran gewöhnt. Auch schrumpfte ihre Gestalt allmählich.

Doch plötzlich stieß sie auf eine andere Gestalt, und beide gaben ein erschrecktes Quaken von sich. Sie hatten sich beide in Frösche verwandelt, um sich dem Brunnendasein anzupassen. Sie patschten umher, suchten kleine Würmer und Maden und fristeten ein freudloses Dasein nebeneinander. Auf einmal fragte sie ihren Kumpanen: "Wie heißt du eigentlich?" - "Wie soll ich heißen? Ich bin einfach ein Frosch, wie du aus meinem Qualen hörst", erwiderte er kalt.

"Ich weiß nicht, ich habe einfach das Gefühl, dass etwas anderes in dir steckt", gab sie zurück. "Lass mich in Frieden mit deinen Gefühlen, ich bin, der ich bin: ein Frosch".

Da zog sie sich schweigend und nachdenklich an den Brunnenrand zurück und spürte hinter sich eine Mauer, die nach oben weiterging. Sie lehnte sich daran und hing ihren vagen Gedanken nach. Der Frosch, der erinnerte sie an irgendetwas. Und die hohe runde Mauer in ihrem Rücken, was wäre wohl, wenn man an ihr hochklettern könnte? Dann griff sie neben sich und spürte eine Kugel, die selbst in der Dunkelheit noch golden schimmerte. Das riss sie plötzlich aus dem Dämmerschlaf, und sie wusste, dass dies nicht wirklich ihr Zuhause war. Sie erinnerte sich an alles, was geschehen war.

Und voll der Hoffnung sprang sie zu ihrem Prinzen und gab sich zu erkennen. Doch er wusste nicht, wovon sie sprach. "Du sollst eine Prinzessin sein? Mach dich nicht lächerlich, du bist ein Frosch wie ich. Ich bleibe hier, und das ist mein Revier!" Da fühlte sich die Prinzessin sehr sehr einsam. Gemeinsam mit ihrem Prinzen wollte sie hier heraus und nach Hause. Er aber blieb dumpf und taub auf diesem Ohr. Was sollte sie nun tun, sie konnte ihn doch nicht allein hier unten sitzen lassen? Und nochmals flehte sie ihn an und gab sich alle Mühe. Doch vergeblich. Da setzte sie sich voll Verzweiflung wieder an den Brunnenrand und richtete ihre Blicke in tiefster Hilflosigkeit nach oben.

Da tauchte ein kurzer heller Lichtstrahl in den Brunnenschacht, und eine lange lange schmale Leiter senkte sich herab bis auf den Grund. In heißer Dankbarkeit umarmte das Fröschlein die unterste Sprosse. Sie blickte noch einmal zurück zu ihrem Prinzen und sagte: "Hier ist der Weg heraus, falls du einmal nach oben willst Adieu, ich werde immer an dich denken."

Da wurde dem Prinzen bange vor seiner Einsamkeit, und er flehte sie an, sie möge doch bei ihm bleiben, es sei doch gar nicht so übel hier. Aber die Prinzessin nahm ihre ganze Kraft zusammen, um nicht schwach vor Mitleid zu werden. Sie wusste, sie täte sich und ihm nichts Gutes. Und jeder weitere Tag im Brunnen wäre nur verlorene Zeit. Blutenden Herzens verließ sie ihren geliebten Prinzen und betrat, nach oben blickend, die erste Sprosse. Schon hatte sie den Schlamm verlassen. Es war ein langer mühevoller Weg für das kleine Fröschlein. Sie blickte nie zurück, um ihre Kraft nicht zu verlieren.

Und siehe da: mit jeder Sprosse verwandelte sie sich mehr und mehr in ihre frühere Gestalt, ihre Stimme wurde wieder menschlich, sie wuchs und wurde immer stärker. Der Weg wurde immer heller und die Freude immer größer. Und als sie endlich über den Brunnenrand blickte, wusste sie, dass sie zu Hause angekommen war. Mit einem leichten Sprung setzte sie ihre Füße wieder auf die Wiese, und mit Tränen des Glücks wälzte sie sich im Grase, roch den Duft der Blumen wieder und ließ sich von der ach so lang entbehrten Sonne warm bescheinen.

Doch eines fehlte ihr zu ihrem Glück: es war der Prinz, ihr Spielgefährte. Sie sah ihn im Geiste vor sich, wie er damals war. Dann fiel sie in einen tiefen langen Schlaf, in dem sie von ihm träumte.

Geweckt wurde sie von einer kecken Stimme: "Hallo, wach auf, hier bin ich" - es war der Prinz. Sie sprang auf, und er wirbelte sie durch die Luft vor Freude. "Du warst ein kluges Mädchen: wenn du nicht alleine losgezogen wärst, dann wären wir noch jetzt da unten, Zuerst wollte ich dich dumme Ziege wieder runter plumpsen sehen, aber es kam anders: ich ging selber los. Es war einfach zu trist allein da unten." - "Ja, du warst so stur. Aber weißt du was?", setzte sie mit süßem Lächeln fort: "Du warst der zündende Funke für meine Erinnerung. Wenn ich dich nicht getroffen hätte da unten, wäre ich noch heut ein Frosch."

Und sie umarmten einander in großer Dankbarkeit und Freude. "Und wenn wieder einer in den Brunnen fällt, dann hüpf nicht nach. Nimm eine Leiter mit", rief er übermütig. Und sie griffen sich beide an den Kopf und lachten.

DIE MACHT
DES ENTENFÜTTERERS

Eines Tages kam ein großer dunkler Mann an einen Fluss, in dem friedlich viele Enten schwammen. Sie brauchten nur ihre Schnäbel ins Wasser zu tauchen und schon verfing sich darin allerlei Getier: Fliegen, Frösche, Libellen, Käfer, - ein wahrhaft vielfältiges und reichliches Mahl.

Doch als der große Dunkle an das Ufer trat, kamen sie alle eiligst auf ihn zu geschwommen und schnatterten ihn begierig an, als ob er etwas Besonderes zu bieten hätte Was erwarteten sie sich bloß so sehnlichst, wo sie doch alles hatten?

Er hatte altes Brot in seiner Hand. Bloß altes Brot. Da flatterten sie wild und purzelten übereinander auf ihn zu. Und der dunkle Mann hatte ein Gefühl des Reichtums und der Macht, wie ein König, der pures Gold aus einem großen Beutel an seine Untertanen verteilte. Er warf die ersten Krumen in das Wasser und genoss es, wie sich die Enten darauf stürzten und ihn gierig und bettelnd begackerten. In einem Hochgefühl der Macht gab er ihnen noch und noch. Die Enten stritten sich, sie stiegen einander auf den Rücken, einer biss den anderen in den Hals, es herrschte Gier und Neid und Hass. Es war eine wilde Schlacht. Da warf der Dunkle einen großen Brocken in das Wasser.

Den konnte einer allein nicht fressen, er entglitt dem allzu kleinen Schnabel. Um diesen Brocken kleinzukriegen, umringten sie ihn gemeinsam und zerhackten ihn von allen Seiten. Kaum war er zerstückelt, löste sich die Gemeinschaft wieder auf, und der Krieg begann von neuem.

Mitten im Getümmel war ein junges Entenkind. Es wurde gestoßen und gebissen, seine Federn wurden ihm gerupft und seine Flügel geknickt. Verängstigt, erschöpft und verletzt versuchte es, dem Schlachtfeld zu entkommen und rettete sich hinter einen Strauch am Ufer. Dort atmete es durch, entspannte und erholte sich.

Mit Grauen sah es auf das Gemetzel drüben und schüttelte das Köpfchen. Was war denn dran an diesem neuen Futter, dass es einen solchen Krieg entfachen konnte?

War es das Neue, das Unbekannte, was so faszinierte? War es das Seltene, das man sich nicht selbst verschaffen konnte? Oder schien es nur so kostbar, weil sich alle darum stritten? Musste man es haben, weil es der Nachbar hatte? Oder schmeckte es so überaus köstlich? Was wäre, wenn man es immer haben könnte, wie das Getier des Flusses. Wäre es dann noch interessant? Würde irgendeine Ente danach gackern? Oder war es so schön gruselig, vom dunklen Fremden abhängig zu sein, der einzig und allein es geben konnte? Bei diesem Gedanken fühlte sich das kleine Entlein wieder schwach.

Es sah den großen Entenfütterer vor sich, der mit seinen alten Brotkrumen entscheiden konnte über Krieg und Frieden in diesem wunderschönen Fluss, der voll der besten Leckerbissen war.

Da beschloss das kleine Entlein, den Entenfütterer mit seinem alten Brot einen guten Mann sein zu lassen, der bloß einmal Spaß daran haben wollte, wie ein ganzes Entenreich nach seiner Pfeife tanzte, weil er vielleicht sonst wohl nach der Pfeife anderer tanzen musste. Bei diesen Gedanken fühlte es sich wieder wohl und heil. Fröhlich und mit klugem Lächeln zog es seine eigene Spur durchs Wasser und genoss das echte alte Entenfutter, das ihr der Fluss in Hülle und Fülle zutrug.

Und siehe da: bald bekam es Gesellschaft, und es wurden drei, vier, fünf, die den Krieg satt hatten. Und sie lachten sich nur mehr krumm darüber, dass sie für ein paar Brotkrumen ihr gutes Leben aufs Spiel gesetzt hatten und sich beinahe die Köpfe eingeschlagen hätten.

Da sagte ein neunmalkluges Entlein: "Haben wir nicht den großen Dunklen mit unserem Gegacker verführt, uns mit diesem lächerlichen alten Brot zu futtern?" "Ja, ja. Wir waren in dieser Geschichte die eigentlichen Drahtzieher, wir haben ihn verführt", posaunten die anderen heraus und fühlten sich prächtig. Und so ward dem Entenfütterer die Macht entzogen, und er musste sie woanders suchen. Der gute Alte.

DIE WÜRGERFEIGE

Es war einmal eine Königin, die lebte allein und kinderlos in einem großen Schloss. Der König hatte keine Zeit für sie. Da zog sie sich ein Pflänzchen, einen zarten Feigenbaum, und stellte ihn ins Fenster. Sie gab ihm Wasser, Nahrung, Licht, und freute sich über jedes neue Blatt. Er wuchs sehr schnell und sprengte schon den Fensterrahmen.

Da nahm die Königin eine große Schere und stutzte es mit einem scharfen Schnitt. Das Bäumchen zuckte zusammen vor Schmerz und verstand nicht, was denn am Wachsen Falsches war. Trotzig wuchs es weiter, bis es wieder an den Rahmen stieß, und wieder wurde es beschnitten. Vor Schmerzen sich krümmend und blutend, beschloss es, nicht mehr größer zu werden, und seine Kraft verwandelte sich in Härte und Starre.

Doch eines Tages kam ein großer Sturm und warf das Bäumchen aus dem Fenster in den verwunschenen Park des Schlosses, in dem die Gesetze der Natur frei walten durften. Das Bäumchen verlor beim Sturz den Topf und landete am Fuße einer wunderschönen Palme. Es spürte ihre Stärke, Kraft und Wärme auf ihn überfließen. Es schmiegte sich an ihren Stamm und ließ sich weiche Äste wachsen, um sie zu umschlingen. Es fühlte, dass es endlich wachsen durfte. Die Palme freute sich an ihm und genoss seine zärtliche Umarmung, nicht ahnend, welchen Preis sie am Ende dafür zahlen musste.

Schon erreichten seine Luftwurzeln das satte Erdreich und holten sich dort weitere Nahrung. Da strotzte der Feigenbaum vor Saft und Kraft: er begann zu wuchern, nahm jeden Platz ein, den er leer fand. Er reckte sich und streckte sich, umschlang die Palme immer fester. Er fand sich wie im Rausch.

Die schöne Palme fühlte sich beengt, sie rang nach Luft und Licht und Nahrung. Mit fast erstickter Stimme flehte sie "Lieber Baum, lass los, du schnürst mir den Atem zu!" Doch er war taub in seinem Rausch. Er wollte wachsen dürfen und nicht klein gehalten werden wie damals bei der Königin. Wütend drückte er nur noch fester zu.

Da wurden ihre Blätter gelb und dürre, starr und braun, und fielen ab. Doch niemand sah es mehr, denn sie war von ihrem Würger schon verdeckt. So starb sie unbemerkt und unbetrauert hin. Sie wurde zu Staub in seinen Armen, und er war mächtiger als jeder Baum, der je gesehen ward. Und in der Mitte seines Stammes war ein Schaft aus Luft, dort wo einst die Palme stand. Innen war er leer. Er hatte seine Freundin getötet in seinem Rausch. Er war der unumschränkte Herrscher hier, und nichts und niemand konnte gedeihen unter seiner dunklen Krone. Als nach langer langer Trockenzeit der erste Regen fiel, da regte sich ein kleines Pflänzchen neben ihm: es war ein Keim aus einer Kokosnuss, der Frucht der toten Palme. Es dauerte nicht lange, und schon entfaltete sie ihr erstes junges Blatt. "Hallo", wisperte es, "hier bin ich wieder."

"Was? Wer?", knurrte der Würgerbaum indigniert. Schon lange hatte niemand mehr gewagt ihn anzusprechen. "Ich habe gerade ein neues Leben begonnen hier in deiner Nähe. Ich bin die Palme, die einst in deinem Inneren stand." Da regte sich im Feigenbaum seit langem ein Art Gefühl, so etwas wie Schuld und Dankbarkeit, sogar ein leiser Hauch von Freude. War er doch einst so eng mit ihr verbunden. Wie vertraut war sie ihm doch. Hat sie ihn nicht hochgepäppelt? Und recht beschämt und unsicher murmelte er: "Es tut mir leid, ich fürchte, ich habe nicht bemerkt... ich wusste nicht... ich wollte nicht..."

"Lass es gut sein, lieber Freund", fiel sie hier ein. "Ich lebe ja, und bin gesund und jung. Es war auch nicht mein erster Tod: ich wurde schon vom Blitz erschlagen, vom Sturm zerbrochen, von kleinen Parasiten zerfressen und eben zuletzt von einer kleinen Würgerfeige geliebt und erdrosselt. Und dies war vielleicht gar nicht der sinnloseste Tod, wenn man den Sinn des Todes überhaupt selbst erfassen kann. Jedenfalls, ich bin jetzt da, ich konnte meine Wurzeln schlagen im Humus deiner abgestorbenen Blätter, die mir Nahrung gaben für mein neues Leben. Wenn du willst, können wir jetzt eine Weile in Freiheit beieinander stehen und Freunde sein, solang es die Natur erlaubt." Da kamen dem alten, mächtigen, starren und stummen Baum die Tränen, und seine Äste fühlten sich an wie Wachs. Sein Inneres füllte sich mit wohliger Weichheit, Sanftheit, Behutsamkeit und Zärtlichkeit für das so scheinbar schwache Pflänzchen neben ihm.

Welch ungleiches Paar - und doch so eng verbunden! "Ich liebe dich, mein kleiner Schatz", entgegnete er weich und sanft. "Doch diesmal anders. Damals musste ich dich benutzen. Aber diesmal bin ich stark genug, um dich wirklich lieben zu können. Ich möchte dich umarmen mit allen meinen Ästen, mit aller Behutsamkeit und Zartheit, damit dir kein Leid geschehe".

Und sie berührten einander innig, dann lösten sie ihre Umarmung, um sich nicht zu verrenken. Von nun an standen sie in Freude und Freiheit beieinander, solange es die Natur erlaubte.

DIE TYRANNEI
DES STROHHALMS

Der Schüler flicht einen Korb aus Stroh. Mutlos, verärgert und hilflos beklagt er sich beim Meister: "Das Stroh bricht!" Da antwortete dieser mit listigen Äuglein. "Du bist fürwahr bedauernswert. Wie kann sich das Stroh erdreisten zu brechen und dich zu einem ohnmächtigen Opfer zu machen. Es will dich erniedrigen, demütigen und versklaven. Wirklich infam!" - "Ja genau! So sehe ich das auch. Aber wie soll ich ihm beikommen?" fragte der Schüler ahnungslos. "Das ist eine sehr zielführende Frage", antwortete der Meister. "Versuche es mit der Idee: ICH breche das Stroh."

Da war der Schüler sehr verdutzt und ratlos. Er fühlte sich ein in diesen Satz, und Wut und Rachegelüste machten sich breit in ihm. Ja, ja, ich breche das Stroh, tobte es in seinem Inneren. Und in seinem Grimme zerhackte er das Stroh in tausend Stücke, zündete es an und vernichtete so seinen Unterdrücker und Tyrannen. Nun war ihm wohler, er atmete tief durch. Er war befreit. Das Stroh war weg!

Der Schüler sah ein Weilchen auf das Häuflein Asche und blickte dann ratlos zu dem Meister hin, der ihn lächelnd fragte: "War es das, was du wolltest?" - "Naja", erwiderte der Schüler, "eigentlich wollte ich Meister im Körbeflechten werden" - "Aha, warum hast du dann das Stroh zerstört?", fragte dieser verschmitzt.

Verwirrt erwiderte der Schüler: "Gabst du mir nicht die Idee, ICH solle das Stroh brechen? Also hab ich das Stroh zerbrochen." "Ich habe dir nicht gesagt: zerbrich das böse Stroh!", gab der Meister in aller Ruhe zurück.

Da wurde der Schüler sehr nachdenklich. Was war der Unterschied? Hat er den Meister missverstanden, weil er böse auf das Stroh war? "Was wolltest du mir wirklich sagen?", fragte der Schüler beschämt. "Ich wollte dir sagen, dass DU das Stroh brichst. Das Stroh bricht nicht von alleine. Es hat keine Macht, sich selbst zu brechen".

Da ward es dem Schüler übel in der Magengrube: Das Stroh war unschuldig! ER hatte das Stroh gebrochen, weil er noch Schüler war und lernen musste, das Stroh so zu behandeln, dass es nicht brach. Da wurden die Augen des Schülers plötzlich klar, und er wusste, dass er nun den Weg zur Meisterschaft betreten hatte. Und der Meister verbeugte sich vor ihm.

SIMULA,
DIE RETTERIN

Es war einmal ein junges Königspaar, die ihr Reich mit Klugheit und Güte regierten, so dass Frieden und Harmonie darinnen herrschten. Das Paar liebte und achtete einander sehr, und sie führten ein glückliches und erfülltes Leben. Eines Tages ging der König all eine auf die Jagd. Da brach ein plötzliches Unwetter los. Die Wolken entleerten sich prasselnd über dem tiefen Wald, und dichter Nebel folgte dem Regenguss, so dass der König kaum noch die Hand vor seinen Augen sah. Er suchte seinen Weg zurück, vergeblich, denn langsam senkte sich auch der dunkle Abend über ihn. Schließlich legte er sich erschöpft, hungern und frierend unter einen Baum. An Schlaf war nicht zu denken, er stöhnte und wimmerte vor Kälte, war er doch ganz durchnässt.

Doch wie es das Schicksal wollte, hauste hinter den nächsten Bäumen die alte Fee mit Namen Simula. Sie haderte mit ihrem Leben, war missgünstig und verbittert. Und ihr Kopf war voller giftiger Pläne. Sie wollte endlich auch einmal so leben wie die auf dem Schloss. Doch das Glück schien einen großen Bogen um sie zu machen. Als sie nun vor ihrer Hütte ein hilfloses Stöhnen hörte, schlich sie sich heimlich an und erkannte in dem Mann sogleich den König. Da durchzuckte sie ein gieriges Feuer, und schon war der giftigste Plan gefasst.

Sie huschte zurück in die Hütte, warf sich einen großen, dichten weißen Schleier um, räusperte sich, um ihre raue Stimme zu versüßen, und erschien vor dem König wie ein von Gott gesandter Engel. Für den König war es wie ein Wunder, und ehrfürchtig blickte er zu ihr auf.

Sie aber sprach: "Mein hoher Herr und König, es ist mir eine große Ehre und Freude, Euch in meiner niedrigen Hütte zu beherbergen und die Euch gebührende Pflege zukommen zu lassen. Es gibt nichts Schöneres für mich, als Euer Leben zu retten." Dankbar folgte er ihr in die Hütte, und sie pflegte ihn mit größter Hingabe. Der König fühlte sich wie dem Tod entronnen und - sich wohlgeborgen wähnend - schlief er endlich ein.

Wohlausgeruht erhob er sich des andern Morgens und sprach zu seiner Retterin: "Wie kann ich Euch danken, ich werde Eure Hilfe nie vergessen". Lasst es gut sein, hoher Herr, das Leben meines Königs ist mein übergroßer Lohn." Da floss das dankbare Herz des Königs über bei all der Großmut. "Wer seid Ihr", fragte er voll der Milde. "ich bin nur eine einfache Frau. Ich lebe von den Früchten des Waldes und trage gerne weiße Kleider." Gerührt von dieser Bescheidenheit bat er sie, ihm doch den Gefallen zu tun, ihm auf sein Schloss zu folgen. Scheinbar verschämt sich zierend ging sie mit ihm, ganz heimlich triumphierend. Das ganze Schloss war in Aufruhr ob der übergroßen Sorge, die um ihn entstanden war. Hocherfreut und erleichtert wurde er empfangen.

"Hier meine Retterin", sprach er mit großem Eifer. "Sie wird eine Weile bei uns bleiben. Ich erwarte, dass ihr jedermann mit größter Ehrerbietung begegne." Das Herz der Fee schwoll an, das überstieg ihre kühnsten Träume.

Die Königin umarmte überglücklich ihren Gemahl und wollte der Retterin vor Dankbarkeit beide Hände reichen. Doch plötzlich war ihr nicht mehr wohl. Sie brachte nur ein kurzes trockenes Dankeswort hervor und wandte sich dann sinnend ab, erstaunt über ihre eigenen Gefühle. Ein großes vages Unbehagen blieb bei ihr.

"Verdammt", dachte die Fee bei sich. "Die Königin kann mir gefährlich werden. Die muss beseitigt werden". Doch auch dafür hatte sie eine längst ausgeklügelte Strategie: sie blieb bescheiden, streichelte die Pferde des Königs, schenkte dem Küchenjungen eine neue Mütze, half dem Gärtner, so dass jeder sehen konnte, wie gut sie war. Der König betrachtete ihr Tun mit Wohlgefallen und stellte sie unter seinen Schutz. Der Königin indessen wurde es immer unbehaglicher, und sie bat ihren Gemahl, die Frau doch zu belohnen und aus dem Schlosse zu entlassen. Der König erwiderte befremdet und entrüstet: "Sie ist meine Retterin. Du müsstest sie auf Händen tragen, oder bist du etwa eifersüchtig?" Das verletzte und verwirrte die Königin über alle Maßen. Ja, sie sollte dankbar sein, aber sie fühlte nur Angst und Abscheu. An sich selber zweifelnd wurde sie immer stiller und zog sich zurück. Und der König bemerkte es nicht einmal.

Er sprach viel mit seiner Retterin, fragte sie um Rat, ritt aus mit ihr und selbst an der Tafel saß sie neben ihm. Der König war seiner Gemahlin entglitten. Die Königin empfand in ihrem Inneren nur Verwirrung, Ohnmacht und Verzweiflung. Sie wünschte sich nichts sehnlicher als Rat und Klarheit. Und siehe da: des Nachts im Traum erschien ihr ein Engel und sprach: "Vertraue dir, mein Kind. Beobachte, und du wirst Klarheit bekommen." Des Morgens erwachte sie ruhig und gestärkt. Sie fühlte den Engel an ihrer Seite. Sie wandelte im großen Garten ihres Schlosses, pflückte frische Blumen für ihre Gemächer und ließ sich Musik aufspielen. Dazwischen beobachtete sie viel: die kühlen Blicke des Königs, schwarze Lumpen unter dem weißen Schleier der Retterin, wie diese Befehle an Koch und Gärtner erteilte und langsam und schleichend an ihre Stelle trat.

Bis eines Tages der König ihr eröffnete: "Ich möchte, dass Simula meine Frau wird, sie hat es sich verdient." Da musste sie ihr Engel stützen. Den Schmerz verbergend nahm sie es zur Kenntnis und entfernte sich. Am nächsten Morgen kamen die Schergen der neuen Braut und warfen sie ins Verließ. Der König bestellte die Hochzeit mit allergrößtem Prunk, so wie seine Braut es wünschte. Sie ließ überwältigende Geschenke an den ganzen Hofstaat verteilen und nahm dem König das Zepter aus der Hand. Von nun an herrschte sie allein: mit Zuckerbrot und Peitsche. Ihr Machtrausch wurde immer schlimmer, und nach und nach wurde dem König immer elender zumute. Das Bild des Verlieses drängte sich ihm auf. Es lastete wie ein Fels auf seiner Brust. Er wurde krank.

Da sah er in seinem Fiebertraum ein Gesicht von mildem Glanz umgeben, das zu ihm sprach: "Es ist nicht immer alles, wie es scheint." Da brach er in wilde Tränen aus und erwachte. Das Fieber war gesunken. Er erhob sich und lenkte seine Schritte eilends zum Verließ. Er riss die Türe auf und siehe, es war leer. Wo war die geliebte Frau? Er musste sie wiederfinden! Er verließ das Schloss, durchstreifte das ganze Land, ging über Berg und Tal und Fluss, durch Hitze, Kälte, Regen, Blitz und Donner, bis er sich nach jahrelanger Wanderung leer und müde auf einer blühenden Wiese niederließ und mit geschlossenen Augen das goldenen Licht der Sonne sah. Da durchflutete ihn ein warmes Gefühl der Geborgenheit, und er spürte eine Hand, die die seine sanft berührte. Zögernd öffnete er die Augen und sah in hellem Kleide die ach so lang gesuchte Frau vor sich.

Er strahlte sie an und sprach: "Du lebst also noch! Welch Glück erfasst mein Herz. Wie konntest du aus dem Verließ entkommen?" "Ein Engel", begann sie zu erzählen, "ein Engel führte mich zu einer Hintertür, auf der geschrieben stand: Liebe oder Angst: entscheide dich! Doch diese Türe war verstellt mit Schlangen, Kröten, Ratten, Spinnen. Mit Schaudern setzte ich mich hin zu ihnen und lernte ihre Sprache sprechen. Wir wurden Freunde. Schließlich gaben sie mir den Weg zum Ausgang frei." In großer Bewunderung nahm er sie in die Arme. Da erschienen am Himmel mit leuchtenden Lettern die Worte:

NICHTS WIRKLICHES KANN BEDROHT WERDEN,
NICHTS UNWIRKLICHES EXISTIERT.

DIE GUTE HIRTIN

Es war einmal eine Hirtin in den Bergen, die eine Herde von Schafen hütete. Sie achtete darauf, dass sich keines verirrte, dass nachts alle im Ställchen waren, und sie schor sie, wenn das Fell zu dick wurde. Die Schäfchen gaben ihr Milch und Wolle. Alles war in himmlischer Harmonie.

Eines Tages kam ein trauriger Königssohn vorbei und betrachtete versunken die Schäfchen und die Hirtin. Irgendetwas berührte ihn zutiefst, und eine starke Sehnsucht nach sorgloser Freiheit erfasste ihn: wäre er doch eines ihrer Schäfchen, da könnte er am Morgen ins Freie treten, nur seinem Instinkt folgend jedes fette Gräschen fressen, aus jedem berauschenden Wässerlein trinken, jeden noch so engen steilen Pfad beschreiten ohne Sorge und würde immer abends heimgeholt in das behaglich sichere Ställchen.

Da ging er auf die Hirtin zu und sprach mit flehend traurigen Augen: "Ich brauche dich für mein Glück, bitte komm mit mir auf mein Schloss". Da war die Hirtin sehr verblüfft. Nie hatte sie daran gedacht, etwas anderes zu tun, als ihre Schafe zu hüten. Sollte sie, ohne es zu wissen, für etwas Höheres bestimmt sein? Vielleicht konnte sie wirklich etwas für das Glück des Prinzen tun? Wer weiß? Schlafwandlerisch packte sie ein paar Sachen ein und folgte ihn aufs Schloss. Doch kaum im Schlosse angekommen, sperrte sich der Prinz in seine Bibliothek und ließ sich nicht mehr blicken. Er ließ sie einfach draußen stehen.

Als sie ihn nächsten Morgen sah, blickte er sie mürrisch und feindselig an und sprach kein Wort mit ihr. Sie war verwirrt, und sein Betragen war ihr unbehaglich. Sie dachte an die Berge und die Schafe: wie klar war da ihr Leben und ihre Aufgabe!

Sie war gekommen, um den Prinzen glücklich zu machen, aber wie. Was erwartete er bloß von ihr? Sie hatte keine Ahnung, und er ging ihr deutlich aus dem Weg. In ihrer Ratlosigkeit und Langeweile versuchte sie alles, was sie konnte: sie pflegte den Garten, sang ihm Lieder, legte ihm Rosen vor die Tür. Doch alles war vergeblich. Nichts trug Früchte.

Da klopfte sie an seine Türe und fragte ihn, ob sie noch etwas für ihn tun könne. "Lass mich in Ruhe", knurrte er durch die verschlossene Tür. Da wurde dem Mädchen schwarz vor ihren Augen und sie verstand die Welt nicht mehr. Sie fühlte sich ratlos, machtlos, dumm und unfähig. Eine schwere Müdigkeit erfasste sie, und ermattet legte sie sich unter einen Baum. "Wo bin ich da nur hineingeraten?", grübelte sie verzweifelt. "Hilfe!" Da hörte sie eine dunkle warme Stimme aus dem alten Baum. "Kann ich etwas für dich tun, mein Kind?" - "Ja, bitte sag mir du, wie ich den Prinzen glücklich machen kann, dazu bin ich ja hier!", schoss *es* aus hier heraus. "Aha", erwiderte der Baum ganz ruhig. "War das deine Idee oder die des Prinzen?" - "Nein, der Prinz kam auf die Idee, und ich wunderte mich gleich von Anfang an darüber!" sagte sie ohne Zögern.

"Zurecht, mein kluges Kind! Der Prinz suchte seine sorglose Freiheit wieder. Du hast sie ihm nicht genommen, also kann er sie bei dir auch nicht finden. Er muss dort suchen, wo er sie verloren hat. Und das kann nur *er!*" So antwortete der Baum. "Aha" dachte das Mädchen bei sich, "dann war ja *mein* Ziel, den Prinzen glücklich zu machen, von vorn herein schon aussichtslos! Wie daneben waren doch alle meine Versuche, wie sinnlos meine Grübeleien: ich hatte mich in ein fremdes Labyrinth verirrt." Und so fand das Mädchen ihre Klarheit wieder - dort wo sie sie verloren hatte.

Sie bedankte sich beim Baum und ging vor die verschlossene Tür des Prinzen. "Ich möchte mich von dir verabschieden", sprach sie mit fester Stimme. "Ich habe Lust, auf Wanderschaft zu gehen. Sollte ich dich jemals da draußen treffen, so könnten wir ein kühles Gläschen Wein in einer schattigen Laube miteinander trinken. Das wäre ein Fest! Adieu denn, vielleicht bis später." Da hörte sie ein Poltern hinter der Türe, als wäre der Prinz über einen Sessel gefallen. Er hatte sich selbst eingeschlossen, und suchte nun panisch das Schlüsselchen. Er konnte es nicht finden. Und die Hirtin war weg. Er suchte sieben Jahre. Dann fand er es. Er ging hinaus, und das Fest fand statt in großer Leichtigkeit.

DER VERGESSENE PLAN

Einst im Garten Eden, wo die lichten Seelen wohnten, fanden sich zwei Wesen, die sich auf ewig vermählen wollten. Sie traten gemeinsam vor den Hohepriester und baten ihn, den Bund durch seinen Segen zu besiegeln. Dieser sprach zu ihnen: "Ihr habt fürwahr sehr Großes vor, das ehrt euch. Ich verbeuge mich vor eurem Mut." Da sahen sich die beiden verwundert an. Wieso denn Mut? Es war für sie doch sonnenklar, dass sie sich für immer lieben würden. Und mit größter Zuversicht und ohne Zweifel knieten sie sich vor ihm nieder, um seinen Segen zu empfangen.

Doch dieser richtete erneut das Wort an sie: "Die große Weisheit hat geboten, euch zuerst - als Prüfung eurer Liebe - auf die große Bühne des Welttheaters zu schicken. Kehrt ihr in Liebe, Hand in Hand, von dort zurück, so wird euch hier das größte, ehrenvollste Hochzeitsfest bereitet." Die beiden kannten keine Furcht und willigten ohne Zögern ein: ein Abenteuerurlaub vor der Hochzeit, meinten sie, sei genau nach ihrem Geschmack. "Bedenkt es gut", erwiderte der Hohepriester. "Es ist die schwerste Prüfung, die es gibt. Aber ihr geht nicht ohne Hilfe: jeder von euch wird zwei Engel an seiner Seite haben. Sie werden euch nur helfen, wenn ihr darum bittet, denn ihr habt uneingeschränkten freien Willen auf der großen Bühne: es stehen euch zur Verfügung tausend Kostüme, tausend Masken und tausend Rollen.

Es gibt tausend Ängste und tausend Lügen. Es ist die große Welt des Scheins. Seht ihr nur die Oberfläche, so werdet ihr getäuscht. Ihr könnt einander nur erkennen am Leuchten eurer Seelenfarben. Erlöschen diese, verliert ihr euch im Chaos ständig wechselnder Erscheinungen". "Ja, ja, unsere Seelenfarben, die merken wir uns sicher", trällerten sie leichtfertig. "Gut denn, eure Engel zeigen euch den Weg. Sobald ihr auf der Bühne seid, sind sie unsichtbar an eurer Seite, und alles Weitere liegt in eurer Hand." Und feierlich entließ er sie.

Dann führten sie die Engel durch einen dunklen Tunnel, an dessen Ende sich eine .Tür auftat. Und schon standen sie in der Halle der Kostüme, Masken und Rollen. Der eine von ihnen verkleidete sich als Mann, der andere als Frau. Als sie einander ansahen, lachten sie sich krumm und freuten sich wie kleine Kinder. Und durch den Augenschlitz der Masken leuchtete ihr Seelenlicht hervor. "Wirst du mich sicher immer erkennen in dieser Maskerade?" fragte sie ihn belustigt. "Du bist unverkennbar, Liebste!", erwiderte er felsenfest. Und Hand in Hand und voller Spannung betraten sie die Weltenbühne: sie war unübersehbar groß, und es wimmelte von Spielern und Kulissen und tausenderlei bunten Szenen. Die Augen wussten nicht, wohin sie schauen sollten: da waren Könige und Bettler, Soldaten und Clowns, Vogelfänger und Goldwäscher, Nonnen und Kokotten, Piraten und Sterndeuter. Hier wurde Othello gespielt, dort Don Juan, hier Jeanne d´Arc, dort Lohengrin. Sie waren unvorstellbar fasziniert und gebannt von dieser Vielfalt.

Den einen zog es dahin, den anderen dorthin, und keiner von beiden bemerkte, dass der andere nicht mehr an seiner Seite war. Jeder war bereits gefangen in irgendeiner Rolle, und immer tiefer riss es sie hinein. Längst war ihnen Lügen, Hass und Eifersucht, Wut, Mord und Betrug nichts Fremdes mehr. Und sie verbrauchten alle ihre Kräfte, um sich in diesem Chaos zu behaupten. Der Sog der Ereignisse trieb sie immer weiter auseinander, bis eine ganze Welt und eine halbe Ewigkeit zwischen ihnen lag. Längst hatten sie ihr wahres Selbst, ihre Herkunft und ihre Aufgabe vergessen. Ihre Welt war die des oberflächlich Sichtbaren geworden. Das Dahinterliegende, Unsichtbare war ihnen längst entfallen, und ihre Seelenfarben waren trüb und ausgebleicht. Was übrig blieb, war nur ein mattes Fünkchen, ein leises Sehnen, eine stete Unruhe und ein vages Gefühl der Heimatlosigkeit.

Dazwischen begegneten sie einander zwar einmal, jedoch erkannten sie einander nicht. Er spielte gerade Don Juan, sie erlag seinem Liebesgeflüster, und schon war es wieder vorbei. Sie lebten weiterhin getrennt voneinander, jeder geschwächt durch Trauer, Angst und Müdigkeit. Schließlich, des tollen Treibens müde, diente sie als Gänsemagd. Da hörte sie eines Abends bei Sonnenuntergang sanfte, süße Klänge aus der Ferne. Verzaubert erhob sie sich von der grünen Weide und folgte ihnen. Da fand sie auf dem Dorfplatz einen Musikanten versunken auf der Laute spielen. Es war, als wär er nicht von dieser Welt. Sie sah ihm in die Augen, und ihr Herz wurde überschwemmt von Liebe.

Und als der Musikant sie sah, ward er magnetisch angezogen, und sie umschlangen sich, als wollten sie verschmelzen. Sie wussten beide nicht, wie ihnen geschah. Doch war ihr Glück nur kurz, denn beide fühlten sich an ihre Rolle gebunden: sie musste bleiben, er musste weiter auf die Wanderschaft. Ein unsagbar schmerzlicher Abschied stand vor ihnen, und insgeheim warf jeder dem anderen vor, dass er seine Rolle nicht verlassen konnte. So trennten sie sich im Groll, trotz aller Liebe. Todtraurig ging ein jeder seines Weges.

Sie war zutiefst erschüttert. Ihr Leben war nicht mehr dasselbe. Der Lautenspieler ging ihr nicht mehr aus dem Sinn. Ihre Ruhe war dahin, sie konnte nicht mehr essen, nicht mehr schlafen. Etwas war grundfalsch und sie wusste nicht aus noch ein. In ihrer Verzweiflung rief sie: "So helft mir doch, ihr guten Geister!" Da flatterten die beiden längst vergessenen unsichtbaren Engel freudig mit den Flügeln und flüsterten: "Wir sind höchst erfreut, dass du dich noch an uns erinnerst." "Was? Erinnern? Woran? Wieso?" entfuhr es ihrem vergrämten Herzen.

"Wir wurden dir zur Seite gestellt als Begleiter auf der großen Bühne des Welttheaters", antworteten sie schlicht. "Was? Ich soll auf einer Bühne sein, wo alle nur verkleidet sind, und gar nichts wirklich ist? Soll ich etwa ein Schauspieler sein, bin ich etwa in Wirklichkeit gar keine Gänsemagd? Und wenn ich keine Magd bin, was bin ich dann?", überstürzte sie sich fragend. "Was ihr da sagt, das macht mich ganz verrückt: irgendwie ist es mir neu und doch so altbekannt", fuhr sie ganz eifrig fort.

"Und wisst ihr was? Genauso hab ich mich gefühlt, als ich dem Lautenspieler in die Augen sah: so neu und doch so altbekannt! Jetzt geht mir ein Licht auf! Das war ja nicht normal! Aber woher kenn ich ihn? Was hatte ich mit ihm zu tun? Ich fühlte mich mit ihm, als wäre ich endlich Zuhause angekommen, irgendwie am Ziel, im Paradies. Echt verrückt!"

Es sprudelte nur so aus ihr heraus, und die Engel rieben sich vergnügt die Hände. "Fühlst du dich verrückt? Wohin hat es dich verrückt?" fragten sie gleich weiter. "Ich sehe mich mit ihm im Paradies. Wir wollten uns dort auf ewig verbinden. Doch dann landeten wir hier in diesem Theater. Wieso, verdammt!?" Das letzte Wort überhörten die Engel lächelnd. "Es war eine Prüfung", antworteten sie kurz und erwartungsvoll. "Was? Prüfung? Ich fürchte, die hab ich gründlich verhaut. Ich hab alles eher als ein Gefühl des Erfolgs. Ich fürchte, ich habe die Aufgabe nicht einmal kapiert, geschweige denn gelöst!", gab sie entsetzt von sich.

"Und was wäre ein Erfolg für dich?", fragten die Engel weiter. Na ja, etwa so: Hand in Hand mit ihm ins Paradies zurückzukehren und dort ein großes Hochzeitsfest zu feiern. Das würde sich anfühlen wie eine bestandene Prüfung." Da stand mit einem Schlag der vergessene Plan wieder klar vor ihren Augen, und plötzlich erstrahlte sie in ihren alten Farben wie einst im Paradies. Und Kraft, Freude und Entschlossenheit kehrten zu ihr zurück. Da traf den Lautenspieler in weiter Ferne mitten in der Nacht ein heller Lichtstrahl. Schlafwandlerisch erhob er sich und ging ihm nach.

Magnetisch ward er angezogen: das war es, was seiner ruhelosen Suche ein Ende machen würde. Er kannte die Farben dieses Lichts und seine ganze Erinnerung war zurückgekommen. Da stand er nun vor ihr, und sie fielen einander dankbar in die Arme: sie hatten einander geholfen, ihr alten Wissen wachzurufen.

"Das große Welttheater, wie chaotisch, verwirrend, verlockend, verführerisch, irreführend, schmerzhaft und tödlich es doch ist, solange man mitten drin ist und sich täuschen lässt", meinte er erleichtert. "Aber weißt du was?", setzte sie fort, "Jetzt, wo wir doch wieder wissen, wer wir sind und uns nicht mehr hinein ziehen lassen in das Chaos, könnten wir uns doch den Spaß erlauben, dieses Theater noch eine Weile gefahrlos zu genießen". Da nahm er sie fröhlich bei der Hand, und sie durchschlenderten belustigt die große Weltenbühne. Von nun an verloren sie einander nicht mehr wieder. Und auch die Engel neben ihnen hatten einen Heidenspaß. Da schickte ihnen der Hohepriester aus dem Garten Eden einen großen Blumenstrauß. Und fast beneidete er sie. Natürlich passten sie nicht mehr so recht auf diese Bühne, so ohne Leid und Frust! Doch man tat sie einfach ab als dumme Kinder, die noch nichts vom Leben wussten. Und das war ihnen ganz recht so. Halleluja!

BLAUBÄRTCHEN

Es war einmal ein kleiner Königssohn, der wurde von seiner Mutter behütet und beäugt wie das kostbarste Juwel. Sie ließ ihn nie aus ihren Augen, auch beim Spielen nicht. Als Jüngling später lernte er ein Mädchen aus dem Dorfe kennen, die ihn wirklich liebte. Irgendetwas rührte sie zutiefst an ihm. Er fühlte sich an ihrer Seite frei und hoffnungsvoll. Lustvoll spazierten sie im Garten des Schlosses, als das Mädchen an einen verwachsenen Brunnen stieß. Da geriet der Prinz in Panik und wurde kreidebleich. "Fühlst du dich nicht wohl, mein Freund?", fragte sie besorgt. "Lass mich in Ruh, ich bin nun einmal so", zischte er sie an und stieß sie gegen den Brunnenrand. Beinahe wäre sie hineingefallen. Entsetzt blickte sie zurück auf ihn: Er war wie gelähmt, er konnte keinen Schritt mehr tun, und schon war er erstarrt zu einer Säule.

Sie lief zur Säule, kniete vor sie hin und flehte: "Bitte sprich zu mir. Ich verstehe nicht. Ich liebe dich." Doch die Säule blieb stumm und hart. Sie saß daneben und weinte bitterlich. Und sie blieb dort und wartete - jahrelang. Sie musste doch irgendwann verstehen, was geschehen ist. Irgendwann, irgendwann.... Da kam ein alter weiser Mann vorbei und sprach: "Komm, ich führe dich nach Hause, dies ist kein guter Platz für dich." Und sie folgten ihm. Des Morgens fand sie sich in ihrem alten Bettchen wieder. Doch der Prinz geisterte noch immer in ihrem Kopf herum. Aber sie ging nicht mehr zurück zur Säule.

Er hingegen, allein gelassen, nahm langsam wieder seine frühere Gestalt an. Er stieg in seine goldene Kutsche und raste im Kreise durch das Städtchen. Immer wieder kam er am Hause seiner einst geliebten Freundin vorbei und rief ihr etwas zu. Begierig schrieb sie alles auf, um ja nichts zu vergessen: "Ich weiß nicht, wer ich bin" - ,,"Ich weiß nicht, was Liebe ist" - "Ich werde dich nie ersetzen" - "Ich will nichts von Liebe wissen" - "Ich brauche Hilfe" - "Hinter all meinen Masken liebe ich dich" - "Wenn du alles wüsstest, würdest du mich nicht mehr lieben" - "Erwarte dir nichts von mir" - "Sorge dafür, dass wir uns nicht aus den Augen verlieren" .... Das alles rief er ihr zu aus seiner rasenden Kutsche. Aber sie konnte sich beim besten Willen keinen Reim daraus machen.

Da kam der alte Weise wieder vorbei und begrüßte sie freundlich. "Kannst du mir helfen zu verstehen? Ich wünsche mir nichts sehnlicher. Ich kann meine Ruhe sonst nicht finden", flehte sie ihn an. "Vielleicht - wenn du genügend Mut zur Klarheit hast? .. Wenn ja, dann folge mir. Ohne zu zögern ergriff sie seine Hand und er führte sie in den Schlossgarten. Er machte Halt beim Brunnen. "Bist du sicher, dass du alles wissen willst?" fragte er noch einmal. Sie nickte fest entschlossen. Da erhob er sein Licht und erleuchtete den Brunnenschacht. Sie taumelte. Es lagen dort unten vermoderte Puppen und zwei Totenköpfe. "Der Prinz?", fragte sie ganz bleich und erschauerte beim Gedanken, dass auch sie dort fast gelandet wäre. Der Weise nickte. "Aber wie konnte es dazu kommen?" frug sie weiter. Da führte er sie zu einem kleinen Fensterchen des Schlosses und bot ihr an hineinzusehen.

Da sah sie einen kleinen ausgestopften Knaben sitzen mit einer winzigen goldnen Kutsche spielend und einer Spielzeugposaune neben ihm. So verbrachte der kleine Prinz viele Jahre seiner Kindheit. Allein und ohne Freunde. Er hatte volle Freiheit in diesem Zimmerchen, sonst nichts", erzählte ihr der Weise. "Freiheit!?" entfuhr es dem empörten Mädchen. "Das ist doch ein Gefängnis. Er ist einsam und ohne eine Menschenseele. Ich würde toben vor Wut und Verzweiflung. Ich würde ausbrechen. Ich würde alles krumm und klein schlagen, was sich mir in den Weg stellt. Ich könnte morden." - Da lächelte der Weise und sprach: "Gut denn. Wenn einer jedoch nicht weiß, warum er mordet, muss er es verstecken. Er hasst sich selbst dafür und glaubt, dass jeder, der ihn liebt, ein Dummkopf oder Lügner ist". Das war dem Mädchen fast zu viel. Sie musste eine Pause machen und setzte sich auf eine Bank. Sie atmete tief durch und blickte von der Wiese über die Bäume auf den Himmel.

Nach einer Weile sagte sie zum Weisen: "Ich danke dir für deine Führung. Mein Herz hat verstanden und mein Kopf ist klar. Ich liebe ihn trotz allem und jetzt erst recht." Da freute sich der Weise, und sie gingen ruhig zurück zu ihrem Haus. Es dauerte nicht lange, da kam die Kutsche des Prinzen um die Ecke, doch diesmal schon viel langsamer. Da rief ihm das Mädchen zu: "Liebster Prinz, ich glaube an dich, selbst wenn du gemordet hättest!" Da blieb die Kutsche stehen, der Prinz stieg aus und sprach: "Ich **bin** ein Mörder". Da antwortete das Mädchen feierlich: "Für mich bist du eine wunderbare Seele, der nicht gegeben wurde, was ihr gebührte: Freiheit, Freude, Liebe." Da brach der Prinz in Tränen aus, und sie standen mitten auf der Straße in zeitloser Umarmung.

DIE BEIDEN UNERKANNTEN

Ein kleines Mädchen kam zur Welt, von Vater und Mutter mit Freude empfangen und liebevollst willkommen geheißen. Doch bald zog Krieg und Hungersnot ins Land. Der Vater wurde sterbenskrank. Die Mutter, voller Angst und Sorgen, wusste nicht, wie sie Mann und Kinder, es waren ihrer drei, durchs Leben bringen sollte. Bald starb der heißgeliebte Vater, und die Mutter war ab nun allein mit ihrer Not.

Sie arbeitete Tag und Nacht und war am Ende ihrer Kraft. Das sah das kleine Mädchen wohl, und um die Mutter zu entlasten, bat sie um nichts, auch wenn sie hungerte. Sie war still und dachte, das Beste wäre wohl, wenn die Mutter ein Kind weniger hätte. Da beschloss sie wegzugehen.

Sie packte ein paar Kleider in den Beutel, schrieb der Mutter einen Brief, dass es ihr sehnlichster Wunsch sei, in der Stadt zu leben, und ging. In der Stadt bat sie im Waisenhaus um Unterkunft. Still und bescheiden, wie sie war, behielt man sie dort sieben Jahre. Als sie herangewachsen war, verdiente sie sich als Dienerin bei einem Herrn.

Doch für die harte Arbeit war sie zu schwach und schlecht genährt, so dass sie bald entlassen wurde. Dasselbe geschah ein zweites Mal. Da ging sie in den Wald, ernährte sich von Pilzen und Beeren und schlief unter Bäumen. Sie fühlte sich verlassen und verloren.

Da kam eine Lichtgestalt aus dem Gebüsch und sprach mit sanfter Stimme: "Komm mit mir, mein liebes Kind. Ich brauche dich!" - "Wer bist du?", fragte sie mit hoffnungsvollem Staunen? "Kennst du mich nicht? Ich bin dein Engel, der von Anfang an an deiner Seite stand", erwiderte er lächelnd.

Da legte sie ihre Hand in die seine, und er führte sie auf einem schmalen Pfad hinauf über eine weite blühende Wiese bis zur Höhe eines Hügels. Dort stand ein kleines weißes Haus mit grauem Stroh gedeckt und umringt von einem Blumenmeer. Das Mädchen war entzückt. Es war das Häuschen ihrer Träume.

Der Engel öffnete die Tür, sie traten ein. Und drinnen lag in einem Körbchen auf weichem weißen Linnen ein liebreizendes kleines Kind, das selig lächelte. Und von oben ward ein breiter goldener Strahl auf es gerichtet. Das Mädchen kniete nieder vor dem Kinde und konnte seine Augen nicht mehr von ihm wenden. Hier wollte sie bleiben nach ihrer langen mühevollen Lebensreise. "Wer ist wohl dieses himmlische Kind?", fragte sie den Engel. "Du bist es selbst, so wurdest du geboren". - "Oh Gott, und was ist dann aus mir geworden!", stöhnte sie entsetzt. "Verkenne dich nicht selbst. Du bist noch immer so, auch wenn es nicht so scheint. Bist du bereit, dieses Kind anzunehmen, es zu lieben, zu hegen und zu pflegen und ihm allen Schutz zu bieten, bis es groß und stark ist?", fragte sie der Engel. "Oh ja, nichts lieber als das. Aber verdiene ich denn das auch?"

Da warf sie einen Blick auf das Kind und entschuldigte sich zutiefst bei ihm und versprach ihm, nie wieder einen solchen Gedanken zu denken. "Nun gut denn", sprach der Engel. "In diesem Haus und Garten ist alles nur Erdenkliche für euer Wohl bereitgestellt. Lasst es euch an nichts fehlen. Ihr habt keine andere Aufgabe, als es euch wohlergehen zu lassen." Das Mädchen glaubte zu träumen: kann so etwas denn wahr sein? Sie badete im nahen Bächlein und zog sich ein weißes Kleid aus Seide an. Sie pflückte Blumen und holte Öle und feine Düfte aus bunten Fläschchen, Früchte aller Art und feine Speisen. Sie sang dem Kinde Lieder und erzählte ihm, wie wert und lieb es sei.

Und das kleine Kind gedieh so prächtig, dass es eine Freude war. Und wenn es schlief, so wachte das Mädchen vor der Tür, dass nichts es störe und erschrecke. Und manchmal dachte sie zurück an ihre frühen harten Jahre, wo sie sich so wertlos schien, nur weil sie dachte, eine Last zu sein. Wie dumm und ungerecht sie doch zu sich selber war! Und sie bat sich um Verzeihung. Aber nun war alles gut. Und sie fühlte sich mit dem Kinde wie im Paradies.

Auch als das Kind schon größer war, schützte sie es vor Gestank, Getöse, Missbrauch und Verspottung. Dem Mädchen war das Kind ein Heiligtum. Und so vergingen sieben Jahre, in denen beide wunderbar gediehen. Da geschah es eines Abends, dass sich das ganze Haus mit goldenem Licht erfüllte, und in der Mitte des Raumes stand auf hohen goldenen Stufen ein goldener Thron.

Und auf diesem Thron saß eine golddurchflutete Gestalt. Diese streckte dem Mädchen die Hand entgegen und sprach: "Komm herauf zu mir". - "Wer bist du?", fragte sie sich ehrfürchtig schweigend und ging langsam die Stufen hoch. Mit einem Male fühlte sie sich auf dem Throne sitzend und himmlische Musik erklang. Wo war das Kind und wo der Engel? Wer war sie selbst?

Und aus ihrem Inneren antwortete eine Stimme: "Wir drei sind eins. Wir gehören zusammen. Für immer. Wir werden nie wieder getrennt sein." Da löste sich das Mädchen auf für kurze Zeit.

Nach einer Weile erhob sich die Lichtgestalt vom Thron, und während sie die Stufen abwärts stieg, nahm sie die Gestalt des Mädchens wieder an. Und strahlend und unverletzbar ging sie in die Welt zurück.

DER BELOGENE PRINZ

Es war im Reich der lichten Welten, da spielten die Wesen in aller Unschuld mit allem, was ihnen entgegenkam. Es war wie ein Fest der Freude, des Humors, der Leichtigkeit. Und zwei von ihnen, Prinz und Prinzessin, hatten besonderen Spaß miteinander: sie genossen es, gemeinsam zu entdecken, gemeinsam zu lachen.

Doch eines Tages sah der Prinz am fernen Horizont bunte Leuchtkugeln aufblitzen und wieder verschwinden. So etwas hatte er noch nie gesehen, das musste er erforschen. Ein starker Sog erfasste ihn und zog ihn blitzschnell weg von der Prinzessin, bis er ankam bei einem Häuschen, das sich hinter einem Feuerwerk von ständig wechselnden bunten Lichtern verbarg. Es zog ihn hinein. Es war ein Haus der verkehrten Welt: rechts war links, oben war unten, alles war auf den Kopf gestellt: Liebe war gefährlich, Hass ward hochgelobt, man liebte die Gefangenschaft, und Freiheit ward gefürchtet.

Der Prinz war voll im Banne dieser neuen Welt, er wusste nicht mehr, wo und wer er war, und was er wollte. Sein Gesicht verzerrte sich, es wurd ihm übel. Er musste an die frische Luft. Doch da stand eine Wächterin und sprach: "Dieses Haus kannst du nur verlassen, wenn du diese Kugel als Geheimnis mit dir nimmst. Sieht sie jemand, so müsst ihr beide sterben." Da dachte der Prinz nicht lange, riss ihr die Kugel aus der Hand und floh.

Er wollte nichts wie weg, zurück in seine eigne schöne Welt. Doch eines nahm er mit: die Lüge, dass diese Kugel töten könnte. Da fand er die Prinzessin wieder. Entsetzt blickte sie ihn an und sprach: "Liebster Prinz, was ist mit dir geschehen? Dein Gesicht ist verzerrt und du trägst eine schwere Rüstung, wozu?" Panik erfasste ihn, er hatte die Kugel unter seiner Rüstung verborgen. Er konnte nicht sprechen, jedes Wort schien ihm gefährlich.

Doch die ahnungslose Prinzessin fragte weiter: "Warum erzählst du mir nicht, was geschehen ist? Du siehst nicht mehr glücklich aus!" Die Panik wurde immer größer. Er wusste sich nicht zu helfen und floh vor der Prinzessin. Doch er kam wieder. Sie fragte wieder, und in Todesangst stieß er sie weg und lief davon.

Doch er kam wieder. Todtraurig und angsterfüllt flehte sie ihn an: "Warum stößt du mich weg? Bitte sprich zu mir. Ich weiß, du bist in großer Not. Vertraue dich mir an." Da fasste ihn Verzweiflung und die grellste Angst: er verlor für einen Augenblick die Fassung und presste seine Hände um den Hals der geliebten Frau und würgte sie - nur um sie vor ihrem eignen Tod zu retten. Welch ein Schicksal!

Entsetzt quollen ihr die Augen aus den Höhlen, und mit allerletzter Kraft stieß sie ihn weg, so dass er verletzt in einer fremden Gegend liegen blieb. Und sie sah ihren Geliebten nicht mehr wieder. Welch ein Schicksal! Zerstört an Geist und Seele verkroch sich die Prinzessin in einer Höhle, zerfressen von Schuld und Scham.

Doch mehr als alles andere spürte sie in ihrem Herzen die Liebe zu dem Prinzen, die immer stärker wurde, je länger sie von ihm getrennt war. Doch er? Warum hatte er sie bloß gewürgt, wo sie ihm doch nur helfen wollte? Diese Frage brannte ihr unentwegt auf ihrer Seele, bei Tag und auch bei Nacht.

Da geschah es, dass ihr der Prinz im Traum erschien und sprach: "Hinter meiner Rüstung hab ich dich immer geliebt. Ich wünsche mir nichts sehnlicher, als diese Rüstung abzulegen. Doch hätt es dich getötet." - "Was???", riss es die Prinzessin hoch von ihrem Höhlenlager … sie war aufgewacht, der Prinz war weg. Noch halb im Traum rief sie ihm nach: "Nicht WAS du verbirgst, hat uns getötet, sonder DASS du etwas verbirgst." Hatte es der Prinz gehört? Sie wusste es nicht. Sehnsüchtig schlief sie wieder ein. Da sah sie im Traum den Prinzen seine Rüstung öffnen. Heraus fiel eine Kugel, sie rollte leise weg ins Nichts. Und er stand da in seiner ganzen Unschuld und Liebe. Er kam ihr entgegen mit offenen Armen. Ihr Herz, das pochte laut vor Freude. Davon erwachte sie. Da sprang sie auf von ihrem Höhlenlager und lief hinaus ins Licht. Da sah sie vor sich den Prinzen, wie er die Kugel zurückgab an die Wächterin, die sie ihm aufgelastet hatte. "Ich habe verstanden", sprach der Prinz. Da rollte der Fee die Kugel aus der Hand - in armseliger Bedeutungslosigkeit. Ein Nichts, ein kleines Nichts verpackt in eine Lüge, hatte sie von Gott, de Welt und voneinander getrennt. Welche ein Schicksal !

DIE DURSTIGE NYMPHE

Über den Wäldern, in lichten Höhen entstieg ein kleines Nymphchen einer reinen Quelle. Sie ward geboren auf einem weißen Blütenkelch und eine duftende Brise umschmeichelte sie. Fröhlich blickte sie um sich, und ihre Augen trafen auf den schönen grünen Wald, der ihr zu Füßen lag. Den wollte sie erkunden. Sie entstieg dem Blütenkelch, labte sich noch einmal an der kühlen reinen Quelle und folgte deren Lauf bergabwärts. Sie plauderte mit Käfern, Vögeln und Libellen. So wanderte sie viele Tage. Und immer hörte sie daneben das kleine Bächlein ihrer Quelle murmeln. Das gab ihr ein Gefühl der Sicherheit: konnte sie doch immer trinken, wenn sie durstig war.

Nach eines langen Tages Wanderung setzte sie sich zuversichtlich an sein Ufer und trank daraus. Doch welch Entsetzen: sein Wasser schmeckte faul und bitter, und sein übler Geruch verätzte ihr das zarte Näschen. Sie wich erschreckt zurück und blieb verstört und sinnend an einem Baume lehnend sitzen.

Doch trieb der Durst sie, einen zweiten Schluck zu nehmen. Ihr wurde übel. Doch schließlich schlief sie ein. Des Morgens klebte die Zunge ihr am Gaumen, der bitter war wie Galle. Sie brauchte Wasser. Und wieder ging sie hin und trank. Sie begann zu fiebern und schrie nach Wasser, bis ihr die Sinne endlich schwanden.

Und der Bach sah dem mit Grauen zu: er hatte seiner lieben Nymphe das Leben vergällt. Schuld und Scham erfüllte ihn. Wäre er doch nie dem Erdreich entsprungen, könnte er doch verschwinden in einer Höhle, so dass die anderen sicher vor ihm wären. Und schon verkroch er sich unter zerklüfteten Felsen und ward nicht mehr gesehen.

Schweißgebadet lag die Nymphe wimmernd auf dem Boden. Da kam ein kleiner Fuchs daher. Er wusste, was sie brauchte: klares, reines Wasser! Schnell lief er zu seiner Quelle, brach einen Blütenkelch, füllte ihn und brachte ihn dem fiebernden Geschöpf. Dies tat er viele Tage lang, bis sie kräftig genug war, mit ihm zu gehen. Sie blieb dann bei des Füchsleins Quelle, bis sie gesundet war.

Dann bat sie ihn: "Bitte, begleite mich zur Quelle meines Bächleins, es lässt mir keine Ruh, ich muss dorthin!" So stiegen sie bergauf, an seinem langen Schweif zog sie der Fuchs die steilen Felsen hoch, sie sprangen über tiefe Spalten, kletterten über gefallene Bäume, bis sie endlich an der Quelle waren. Sie hatte Durst. Sie trank. Das Wasser war so köstlich rein und frisch, dass ihr vor Dankbarkeit die Tränen kamen. Sie war gestärkt bis tief ins Herz und voller Lebensmut.

Da sprach sie zum kleinen Fuchs: "Lass uns mal sehen, was diesen reinen, wunderbaren Quell vergiftet hat." Da warf er einen bewundernden Blick auf seine Freundin. Und schon folgten sie dem Wässerlein bergab.

Es dauerte nicht lange, da roch's nach Aas. Sie hielten sich die Nase zu und gingen mutig weiter. Da sahen sie's: quer über dem Bächlein lag ein totes, halb verwestes Reh, es war verletzt und hatte just hier sein Leben ausgehaucht. Das Füchslein zog es aus dem Wasser und rief die Geier.

Dann wanderten sie bergab bis zu der Stelle, wo das Bächlein in der Kluft verschwunden war. Die Nymphe beugte sich zur Höhle und rief: "Liebstes Bächlein, höre mich: es war nicht deine Schuld, dass du mich krank gemacht. An deiner Quelle bist du rein wie immer, nur weiter unten lag ein halb verwestes Reh in deinem Wasser. Es ist entfernt, man kann schon wieder aus dir trinken. Soll ich es dir beweisen?" Und mutig trank sie sich voll mit seinem Wasser. "Du siehst, ich bin gesund geblieben!"

Da quoll das Bächlein hervor aus seinem Versteck und plätscherte vor lauter Freude. "Ich danke dir, geliebte Freundin, ich wäre fast gestorben vor Scham und Schuld. Ich dachte schon, ich sei ein Mörder". "Ein Mörder, ohne Absicht zu morden?" antwortete sie und sprang übermütig lachend in seine frischen Fluten.

ENTSCHEIDUNG
AN DER MAUER

In voller Unbeschwertheit und Leichtigkeit spielten Prinz und Prinzessin im königlichen Garten. Wenn sie müde waren, schliefen sie nebeneinander ein, um dann frisch und fröhlich weiterzuspielen. Doch einmal geschah es, dass sie gemeinsam einschliefen und getrennt erwachten: es stand eine hohe Mauer zwischen ihnen. Die Prinzessin war verblüfft. Sie rief den Prinzen, doch es kam kein Laut zurück. Sie klopfte an die Mauer, sie hämmerte an die Mauer, sie warf Steine auf die Mauer, sie rannte mit ihrem eigenen Kopf dagegen, bis sie aus Verzweiflung bewusstlos vor ihr liegen blieb.

Als sie nach langer Zeit erwachte, war die Mauer noch immer da. Mit schwacher Stimme flehte sie: "Liebe Mauer, bitte, bitte, weich von dieser Stelle. Halte mich nicht fern von meinem Prinzen. Wir waren so glücklich miteinander!" Da wurde selbst die harte Mauer innen weich und sprach: "Liebes Kind, ich muss dichthalten. Das ist meine Aufgabe." Da war die Prinzessin so klug als wie zuvor. "Du bist lähmend. Ich kann ja gar nichts tun, wenn ich nichts hör und sehe von meinem geliebten Freund. Ich fühle mich ganz und gar ohnmächtig, wenn ich nicht weiß, was los ist. Ich weiß nicht einmal, wozu du da bist. Warum quälst du mich so sehr? Muss ich grübeln? Muss ich rätseln? Soll ich tausend Hypothesen durchprobieren? Das kann dauern bis ans Lebensende!", protestierte sie.

"Das ist ganz deine Entscheidung. Du bist ein freier Mensch", antwortete die Mauer mit kühler Milde. "Frei nennst du das? Ich will zu meinem Prinzen, aber du gibst mir den Weg nicht frei. Und ich bin sicher, dass dich auch der Prinz nicht will. Wir waren glücklich miteinander.

"Wozu sollte er sich sein eignes Glück verderben?", erwiderte sie hartnäckig. "Ich muss dir leider sagen, dass der Prinz mich in seinen Dienst genommen hat. Und ich bin ein treuer Diener: ich weiche nicht von hier, bis er mir den Auftrag dazu gibt", sprach sie sanft dagegen.

Da wurde sie sehr müde und schlief ein. Im Traume sah sie den Prinzen in einer Wiege liegen, über ihm gebeugt eine graue Fee, die ihm dunkle Lieder sang: "Traue keinem Menschen, sie werden dich alle täuschen, knechten und miss- brauchen. Verstecke dich, verkleide dich und trage Masken, sonst erwischen sie dich, verurteilen dich für nichts und werfen dich in den Kerker. Traue niemandem. Glaube keinen Liebesschwüren. Es ist alles Lüge. Die Welt ist schlecht. Nur innerhalb meiner Mauern bist du sicher."

Und sie warf einen Schleier um das kleine Kind, damit es bei ihr bleibe und die Schönheit der Welt nicht sehe. Da erwachte die Prinzessin. Noch halb im Traum gefangen, wandte sie sich der Mauer zu und sprach: "Du stehst im Dienste einer dunklen Fee, die nichts als Angst und Misstrauen sät."

Dann erhob sie ihre Stimme, um den Prinzen zu erreichen und rief: "Geliebter Prinz, glaubst du den alten dunklen Liedern, so bleibst du gefangen hinter dieser Mauer. Glaubst du ihnen nicht, so wirst du die Welt in ihrer Schönheit sehen."

Und zum ersten Male wandte sie sich ab vom harten Grau der Mauer, lehnte sich genüsslich mit dem Rücken gegen sie und sah dem Treiben des Lebens zu. Und bald begann sie wieder mitzuspielen.

Nach sieben Jahren fiel die Mauer in sich zusammen. Und der Prinz stand da mit Lebenslust in seinen Augen. Die Fee hatte ihre Macht verloren. Halleluja.

ZWEI ALTE KINDERWÜNSCHE

Es war einmal ein kleines Mädchen namens Lea, und ihr Väterchen war sterbenskrank. Ihr sehnlichster Wunsch war es ihn zu heilen. Dafür hätte sie alles gegeben. Sein Tod stand ihr vor Augen, doch er sagte ihr nicht, wie sie den Vater vor ihm retten könnte. Sein Schweigen machte sie wütend. Sie schalt ihn hartherzig und kalt. Der Vater starb, doch der Wunsch zu heilen blieb fürderhin in ihre Seele eingebrannt.

Unweit von ihr wuchs ein kleines Knäblein namens Leo auf. Er ward das Kleinod seiner Mutter. Und damit er keinen Schaden leide und er ihr nicht entkomme, stülpte sie einen Glassturz über ihn. Und damit er drinnen bliebe, stopfte sie alles hinein, was sie dachte, dass ihm Freude machen würde. Doch verlassen durfte er ihn nie. Das kam nicht in Frage. Da wäre sie bitterböse geworden. So blieb dem kleinen Leo nichts anderes übrig, als so zu tun, als sei er glücklich in dem Glassturz, und nächtens heimlich und verstohlen auszubrechen in die Freiheit, mit einem Hochgefühl von Rache und Triumph. Und er schwor sich selbst, sich immer wieder heimlich zu befreien, immer und überall. Das war in seine Seele eingebrannt.

Lea, inzwischen herangewachsen und auf Wanderschaft gegangen, kam eines Tags in Leos Städtchen. Ihr Schicksal wollte es, dass sie einander trafen.

Es zog sie heftig zueinander, und es dauerte nicht lange, bis sie ihre Vermählung feierten. Sie wähnten sich am Ziele ihrer Wünsche. Doch schon am ersten Tage kam es anders: "Heimlich ausbrechen", wimmerte es in Leos Seele. Doch war kein Glassturz da: so musste er ganz heimlich in seinem Geiste einen schaffen, damit er seinen alten Schwur erfüllen konnte. Ein Hauch von Kälte, Rache und Triumph traf seine Frau.

Sie dachte, etwas musste ihm des Nachts über die Leber gelaufen sein und sie fragte: "Hattest du einen Alptraum in der Hochzeitsnacht, mein Liebster?" - "Lass mich in Ruh, ich bin halt so", pfauchte er hart zurück. Da war es Lea, als ob ein Fluch ihn über Nacht verwandelt hätte. Seine Seele schien ihr krank. Sie wusste nicht, wie sie ihm helfen sollte, genau wie damals ihrem Vater. Und heiß entbrannte der alte Kinderwunsch in ihrer Seele: alles hinzugeben, um den Geliebten zu heilen. Doch Leo schwieg, wie damals der verhasste Tod. Wut und Panik erfasste sie.

"Wie soll ich Dir denn helfen, wenn Du schweigst!", rief sie verzweifelt. Keine Antwort, nur Kälte kam zurück. Auf gut Glück versuchte sie ihm alles zu geben, von dem sie dachte, dass es ihm Freude machen würde, wie damals seine Mutter. Da fühlte Leo allen Grund, nun wieder heimlich auszubrechen. Geschah ihr recht! Welch unheilvolle Verstrickung! Die Tragödie ihrer frühen Kinderjahre war in vollem Gange, ohne dass sie selber wussten, was geschah. Hinter all dem stand jedoch ihre große Liebe zueinander.

Um jedoch dem Wahnsinn zu entgehen, trennten sie sich voneinander. Fast brach ihnen darob das Herz. Sie konnten weder miteinander noch ohne einander sein. Es schien, als gäb es nur die Hölle.

"Oh Gott, lass mich sterben. Ich kann's nicht mehr ertragen", flehte sie nachts in ihrer Hütte liegend. "Nimm mich zu dir in den Himmel, ich bitte dich darum!" - Da wurde sie hochgehoben in einen runden Säulentempel. Und an jeder Säule stand ein Engel. In der Mitte war ein Brunnen mit einer Fontäne weißen Lichts. Und am Fuße dieses Brunnens fand sie sich wieder, erschöpft, doch mit einem Gefühl der Ruhe und Geborgenheit. Wo bin ich bloß?". murmelte sie leise. "Zuhause, geliebtes Kind. Ruh dich aus, du hast genug getan", sprach einer der Engel. "Aber was ist mit Leo? Ich hab ihm doch ewige Treue geschworen? Ich kann ihn doch nicht einfach verlassen!", rief sie mit letzter Kraft. "Sei unbesorgt und überlass' ihn seinen Engeln". Da fiel alle Sorge ab von ihr, und sie schlief ein.

Des Morgens erwachte sie wieder in ihrer Hütte. Sie fühlte sich einsam. Sie dachte an Leo und auch an ihren Vater. Doch nächste Nacht fand sie sich wieder im Tempel mit den Engeln. Da kam einer auf sie zu und sprach: "Ich bin dein Vater, mein geliebtes Töchterlein. Ich hab dich nie verlassen, auch nicht nach meinem Weggang. Ich war immer bei dir und habe dich beschützt. Aber ich glaube, du hast es nicht bemerkt. Auch wenn du da unten in deiner Hütte bist, bin ich bei dir."

Des Morgens erwachte sie wieder in ihrer Hütte. Sie fühlte sich gestärkt und nicht mehr einsam. Ihr Vater war bei ihr. Da konnte sie Leo und den Vater in ihrem Herzen trennen. Sie fühlte sich wohl und geborgen, und ihre kleine Hütte wurde zum Tempel.

Eines Tages sah sie Leo auf der Straße gehen. Es waren zwei Engel an seiner Seite. Er schien sie nicht zu sehen. Sie dankte dem Himmel und sang und tanzte vor Freude.

Leo sah dies wohl und lächelte ihr zu. Er hatte in diesem Augenblick die Mutter von der Frau getrennt. Er rief ihr zu: "Ich habe dich belogen und betrogen, obwohl ich dich geliebt habe. Adieu, ich muss noch weitergehen". Da dankte sie seinen Engeln. Es war Verlass auf sie. Und sie fühlte sich sicher und geborgen wie im Paradies.

DIE BEIDEN PILOTEN

Es waren einmal zwei gute Freunde, die hatten unbändige Lust, ein Flugzeug miteinander zu fliegen. Sie waren beide geschulte Piloten, also schien ihrem Plan nichts im Wege zu stehen. Voll der Freude setzten sie sich in ihr Flugzeug und flogen los. Ein reines Hochgefühl bemächtigte sich ihrer, und keine Sorge hatte darin Platz.

Doch plötzlich sackte das Flugzeug ab und stürzte in die Tiefe. Wie durch ein Wunder überlebten beide. Als sie wieder zu Sinnen kamen, krochen sie zueinander und der Ältere fragte den Jüngeren: "Hast du eine Ahnung, warum wir abgestürzt sind?" Da antwortete der Jüngere: "Weiß ich doch nicht, ist mir auch egal, Hauptsache wir leben."

Die Antwort befremdete den Älteren und er insistierte: "Aber wir müssen doch wissen… es ist wichtig für die Zukunft… es bleibt sonst Angst und Unsicherheit zurück… wir müssen den Flugschreiber suchen". - "Lass mich in Ruh, der Flugschreiber interessiert mich nicht, wahrscheinlich ist er ohnehin verbrannt", gab der Jüngere gereizt zurück. "Flugschreiber verbrennen nicht, das weißt du ganz genau", erwiderte der Ältere sehr eindringlich. "Du kannst ihn suchen, wenn du willst, ich gehe jetzt." Da sah der Ältere, wie sein Freund den heißgesuchten Gegenstand heimlich unter seinen Mantel steckte und hastig weglief.

Er war wütend. Aber sein Forschergeist begann sich zu regen, und er fragte sich: da sind zwei Piloten, warum will der eine den Flugschreiber finden und der andere ihn verstecken? Warum will der eine den Unfall aufgeklärt haben und der andere nicht? Das müsste ihn doch brennend interessieren als Pilot, in seinem eigenen Interesse. Oder ist es in seinem Interesse, die Ursache zu vertuschen? Ist dies nicht ein Bekenntnis seiner Schuld?

Doch sein scharfer und unbestechlicher Geist gönnte ihm keinen Augenblick der Ruhe. Was wäre, wenn sein Freund sich irrte? Wenn er sich nur einbildete, er sei Schuld? Würde er da nicht genauso reagieren? Würde ihm da nicht genauso das schlechte Gewissen und die Angst im Gesicht geschrieben stehen? Da lichteten sich seine Gedanken etwas. Er sah im Geiste seinen geliebten Freund herumlaufen mit einem schweren schwarzen Sack am Rücken. Warum hat er sich das angetan? Der Anblick des geplagten Freundes ließ ihm keine Ruhe. Er sprang auf und lief in die Stadt zurück.   Er musste zu ihm.

Schon liefen sie sich über den Weg. Doch der Jüngere ergriff erschreckt die Flucht vor ihm. Da war der Ältere sehr traurig: die Freundschaft war gestört, seine Zukunft als Pilot war geschwärzt mit Zweifeln, Unsicherheit und Angst. Ja, er könnte seine Angst schon überwinden und wieder fliegen. Aber die Freude war dahin. Und auch sein Freund saß bleich in seinem Flugzeug in der vergeblichen Hoffnung auf Vergessen seiner Angst und Schuld.

Und so wäre es in alle Ewigkeit geblieben. Das wusste der Ältere. Und er wusste auch, dass es keine Schuld gab, wo es keine böse Absicht gab. Und es konnte nicht die Absicht seines Freundes sein, das Flugzeug, in dem er selber saß, zum Absturz zu bringen. Aber eine Ursache gab es für den Absturz, und die musste gefunden werden, um ihrer beider Zukunft willen.

Aber er konnte dies alles seinem Freund nicht sagen: er war ständig auf der Flucht. Da fasste er einen einsamen Beschluss: Er schrieb einen Artikel an die Zeitung mit dem großen Titel: URSACHE DES FLUGZEUGABSTURZES VOM 25.12.1982 GEKLÄRT: BEIDE PILOTEN UNSCHULDIG! Der Artikel erschien sofort in großen Lettern.

Es dauerte keine Stunde, da kam der junge Freund gelaufen mit der Zeitung in der Hand und rief: "Hast du gehört, wir sind unschuldig. Hier ist der Flugschreiber, lass uns doch den Beweis sehen." Da hüpfte dem Alten das Herz vor Freude, und sie gingen hin und ließen den Flugschreiber auswerten. Ergebnis: TANK LEER BEI KM 100. Verblüfft sahen sie sich an. Hatten sie vergessen aufzutanken? Konnte es sein, dass die Vorfreude zu groß war, um an die nötigen Vorbereitungen und Kontrollen zu denken? Sie schluckten schwer, der Ältere noch schwerer. Waren sie wie zwei Kinder, die sorglos in die Sandkiste liefen um zu spielen? Dass ihnen so etwas noch passieren konnte! So jung waren sie ja doch nicht mehr gewesen damals.

Nachdem sie sich von ihrem Schock erholt hatten, sagte der Jüngere getröstet: "Was soll's! Es war unser eigenes Flugzeug, es war unser eigener Schrecken. Es war unser eigener Schaden. Wir haben schwer genug für den Leichtsinn bezahlt".

Da lächelte der Ältere befreit und sprach: "Ja ja. Aber das größte Übel an der Sache waren deine blöden Schuldgefühle und dein Versteckenspiel. Es gibt keine Schuld ohne Absicht. Ohne Absicht gibt es einfach nur Fehler. Und die Fehler zu erkennen bringt nur Glück und einer bessere Zukunft".

Da konnten sie endlich wieder lachen. Und sie fühlten sich so leicht, dass sie wie zwei Federn in den Himmel flogen.

DER WEG DER FISCHERIN

Es war einmal ein Fischer, der ging mit seiner Frau auf hohe See. Er war auf reiche Beute aus. Er konnte es nicht erwarten, sein Boot randvoll mit Fischen zu sehen. So legte er drei Netze und fünf Angeln aus und fluchte, weil sich die Angelschnüre verhedderten und die Haken in den Netzen hängen blieben. Er sprang hin und her, und seine Frau hatte alle Hände voll zu tun, die Angelschnüre zu entwirren und das Boot im Gleichgewicht zu halten. So ging es Tag für Tag, und die Frucht der harten Arbeit war ein lustlos erschöpftes Paar, das nicht einen Fisch nach Hause brachte. Und die Frau fragte sich jeden Abend, warum ihre Arbeit so qualvoll und hektisch sein musste.

Doch eines Tages überraschte sie auf hoher See ein Sturm, und brachte das Boot zum Kentern. Und Mann und Frau wurden getrennt durch meterhohe Wellen. Da kam ein Delphin und nahm die Fischerin unter seine Flossen, brachte sie nach Hause und sprach: "Sei ohne Sorge, dein Mann ist an einem anderen Patz gelandet, man kümmert sich um ihn. Sorge dich nur um dich: erhole dich und lass es dir gut gehen": Und schon war er wieder weg. Sie folgte seinen Worten und schlief, solang sie wollte, aß ihre Lieblingsspeisen und ließ sich von der Sonne bescheinen.

Sie begann wieder die Vögel zu hören, den feinen Duft der Blumen zu riechen und jeden feinen Lufthauch zu spüren. Als sie voll genesen war, bekam sie wieder Sehnsucht nach dem Meer. Sie bestieg ihr kleines Ruderboot, und gleich wurde sie von einer sanften Strömung fortgetragen. Sie brauchte nicht zu rudern. Sie wollte alles, was da kam, geschehen lassen: die Sonne schien ihr ins Gesicht, die Schmetterlinge setzten sich auf ihre Hand, die bunten Fischlein sprangen neben ihr und der Delphin war ihr Begleiter. Sie fühlte sich geborgen in einer Welt der Fülle und der Schönheit, ohne dass sie irgendetwas dazutun musste. Und sie spürte einen Hauch der Ewigkeit darin. Nie würde sich das ändern!

Da kam ihr ein kleiner frecher Gedanke: Was wäre, wenn sie etwas daran änderte, nur eine winzige, unauffällige Sache? Sie wollte ein Experiment machen: sie wählte einen unwahren Gedanken aus und belog sich selbst damit: sie sagte vor sich hin: "Es gibt nicht genug Fische". Und im selben Augenblick verwandelte sich ihr Leben: Das Licht war grau, die Fischlein hatten aufgehört zu springen, der Delphin war weg. Das Meer schien tot. Der Magen knurrte. Panik erfasste sie, und schon hatte sie vergessen, dass sie selbst es war, die diese Not erschaffen hatte. Da rief sie: "Angeln, Netze her". Verzweifelt lief sie hin und her, das Boot begann zu schwanken, da fiel ihr auch der Fischer wieder ein. "Oh Himmel", rief sie aus. "Ich werde doch nicht ertrinken, so allein auf hoher See. Hilfe! Hilfe!" Da kam ein weißer Adler, fasste sie am Schopf und trug sie hoch. Dann flog er langsam große Kreise mit seinen weiten Schwingen, bis sie sich beruhigt hatte.

Wie aus einem bösen Traum erwachend fragte sie: "Wo war ich bloß? Wie konnte das geschehen?" Da antwortete der Adler ruhig: "Dir geschah nach deinem Glauben." - "Was? Welchen Glauben soll ich gehabt haben?" rief sie ziemlich irritiert und verscheuchte einen kleinen Schmetterling vor ihrer Nase. Doch der rief ihr zu: "Ich wollte dich doch nur an dein lustiges Experiment erinnern". Im selben Augenblick blitzte es in ihrem Geist, und es quoll aus ihr heraus: "Es gibt genug Fische". Und schon saß sie wieder in ihrem glückselig treibenden Boot und fühlte sich der ewigen Wahrheit und Harmonie zurückgegeben. So hatte sie die Macht ihrer Gedanken erfahren.

Da kicherte der Delphin neben ihr und sprach: "War dieser Mut nicht schon beinahe Übermut? Ich hab dir alle Flossen gehalten, obwohl ich natürlich wusste, dass dich der Sog der ewigen Harmonie wieder zurückbringen wird. Sieh deinen Mann dort drüben, er treibt auf uns zu, diesmal ohne Angeln und Netze." Da winkten sie ihm zu und freuten sich auf das Fest seiner Ankunft.

"WURZEL·GNOM"
HAB KEINE ANGST,
DEINE "BLUMEN·FEE"
BESCHÜTZT DICH

August 2011

ℬILDER AUS DER FEEN·WELT
POTTENDORF ‑ SCHLOSSPARK

WISSENS·ZENTRUM FÜR
NATUR·HEIL·KUNDE
QUANTEN·MEDIZINISCHE
INFORMATIONS·ENERGETIC
NOETIK

Alte Schlossmühle ‑ Schloss Pottendorf
A‑2486 Pottendorf, Wienerstrasse 7 • e‑mai: hrh@noetikzentrum.at

HAT DIE NATUR HEILENDE WIRKUNG ?

DAS GEHEIMNIS DES SCHLOSSPARKS POTTENDORF

ENGEL

ZU EURER VORSTELLUNGS·ERLEICHTERUNG
PERSONIFIZIERTE
ENERGIE·QUALITÄTEN

Paulo Coelho
"SCHUTZ·ENGEL"

"Wenn wir beginnen, an unsere Engel zu denken,
beginnen sie sich zu offenbaren. Ihre Gegenwart wird immer
deutlicher, lebendiger. Nur zeigen sie sich so, wie sie es schon
immer getan haben, zuerst einmal durch andere Lebewesen."

*

Vielleicht sogar durch "Orbs" ?

IST "ZUFALL" ENGEL·KOMMUNIKATION ?

An: hrh-wir@aon.at

Betreff: Meine "Krankengeschichte"

Anbei eine Zusammenfassung meiner "Krankengeschichte".

Im Oktober 2010 bekam ich die Diagnose Morbus Hodgkin
(Lymphdrüsenkrebs) - Stadium IV B (schlechtestes Stadium).
Lymphknoten waren im Medastium bis 12 cm groß - dadurch 11 Liter
Flüssigkeit in meiner Lunge (20% Restatemvolumen). Während meiner
gesamten Behandlung von 8 Chemozyklen (4 davon eskaliert = doppelt so
stark) habe ich eine starke und klare „Führung" gespürt.

★

ZWIESPRACHE MIT DEM ENGEL AN DEINER SEITE

Ich sprach: "Wer warnt mich in der Not der Stunde ?"

Und er: "Das Licht erstrahlt zur rechten Zeit."

Ich sprach: "Wie komm ich zu so hohem Bunde ?"

Und jener: "Frag nicht. Sei nur bereit."

★

Damit habe ich die Ärzte vor eine "große Aufgabe" gestellt - ich habe nämlich teilweise Therapien abgelehnt (zB. Blutkonserve wegen zu niedrigem Hämoglobin). **Aber auch diese mussten schnell erkennen, dass "meine Methode" sehr gut funktioniert.**
Die Therapie verlief „einfach" und „unkompliziert".
Es ging mir während der gesamten Behandlung sehr gut, keinerlei Nebenwirkungen (Übelkeit, Mattheit etc.). Ich habe weiterhin ein „ganz normales Leben" geführt (bin arbeiten gegangen, habe unterrichtet, war bei den Pferden und bin auch „unter die Leute" gegangen).

★

Dann neigte sich die Behandlung dem Ende zu und ich verspürte eine starke „innere Unruhe". Ich stand wie vor einem tiefen Abgrund, wo ich abstürzen zu drohte – so als wäre die Führung plötzlich weg. Einerseits **die Erleichterung über das Ende der Behandlung** – andererseits die „Angst" vor einem Neubeginn. Ich wusste nicht, wie es weiter gehen sollte...

★

"Warum die Angst endlos ? Warum das Grauen ?"

"Endlos ist Wahrheit, ist das Licht."

"Wenn ich dir folge, werd ich es erschauen ?"

"Schon liegt Glanz auf deinem Angesicht."

★

"DER ZUFALL UND SEINE GESETZ·MÄSSIGKEIT"

Buch von H.R.H. Silberschnurverlag ISBN 3-923 781-85-7

★

Dann kam ich per "ZUFALL" zu meinem 1. Termin zu Isabella HUMMEL.
Seither hat sich mein Leben GRUNDLEGEND ins POSITIVE verändert.

HEIL·KUNDLICHE LEITUNG
ISABELLA HUMMEL
SCIO - GANZHEITLICHE ENERGIE·MEDIZIN
QUANTEN BIORESONANZ · BIOFEEDBACK
BIOENERGETISCHE ANALYSE & BALANCE
NOETIK

★

Dann kamen die Ergebnisse der Abschlussuntersuchungen und die Ärzte
haben mich wieder komplett verunsichert – man würde noch aktive
Herde sehen – und ich vermute den Ärzten nach <u>wäre wohl die nächste
Chemo am Plan gestanden.</u>

Für mich stand aber fest,
dass das jetzt nicht mehr mein Weg ist.

★

Es folgten weitere Termine bei Isabella Hummel,
Seminare bei ARS VIVENDI, habe die Bücher von H.R.H. gelesen
und die CD's mit den unterschiedlichen "Noetik-Berichten" gehört
und ich habe viele Stunden
im Schlosspark Pottendorf verbracht.

Mein Tipp:
"LASS DICH EINFACH FÜHREN -
UND DU WIRST SEIN GEHEIMNIS KENNEN LERNEN !

Schloss Pottendorf
Alte Schlossmühle

"Ich spüre seither diese KRAFT und STÄRKE in mir,
mit einer gleichzeitigen RUHE und GELASSENHEIT.
Ich habe den Weg zurück ZU MIR gefunden !
Ich kann gar nicht sagen, wie DANKBAR ich bin !!!"

B.P.

★

Was mir noch bezgl. der "Krankengeschichte" eingefallen ist:
man könnte zum Schluss noch anfügen, dass jetzt - ziemlich genau ein
Jahr nach Diagnose - die Abschlussuntersuchungen (schulmedizinisch)
gezeigt haben, dass wirklich alles "o.k." ist - quasi "geheilt".

WAS DIE ÄRZTE ALS "WUNDER" BEZEICHNEN

B.P.

Schloss Pottendorf
Alte Schlossmühle

**WISSENS·ZENTRUM FÜR
NATUR·HEIL·KUNDE
QUANTEN·MEDIZINISCHE
INFORMATIONS·ENERGETIC
NOETIK**

AUSKUNFT · TERMIN·VEREINBARUNGEN
HEILKUNDLICHE LEITUNG
ISABELLA HUMMEL
e-mail: isabella.hummel@gmx.at · Tel: 0650/4180407

Hilfestellung zur Erreichung
einer körperlichen bzw. energetischen Ausgewogenheit
mittels Biofeedback und Bioresonanz (Art I Z 2 GR HG),
bioenergetischer Schwingungsharmonie, Holopathie,
Prognos-System, Radionik, Vitalfeld

Gewerberegister gem. § 340 Abs. 1 Gewo. 1994
Entstehung: 01.08.2008, Registernummer: 321-TUW1-G-08578

PRIVATINSTITUT FÜR GANZHEITLICHE MEDIZIN UND GESUNDHEITS·FÖRDERUNG
Dr. med. Karl Braun von Gladiß
über

BIORESONANZ

Bioresonanz ist eine Behandlung
zum Ausgleich gestörter Schwingungen.
**SIE STÄRKT DIE SELBST·HEILUNGS·KRÄFTE DES ORGANISMUS,
BEWIRKT HEIL·REAKTIONEN UND AUSLEITUNGS·VORGÄNGE.**

Krankhafte Schwingungen werden mittels spezieller Elektroden vom Körper abgegriffen und im Gerät gezielt verändert. Hier erfolgt eine Auftrennung in gesunde und krankhafte Signale. Das Gerät erzeugt entsprechend den vom Therapeuten gewählten Einstellungen spiegelbildliche Umkehrschwingungen. Dies sind phasenverschobene Oszillationen, die gemäß dem homöopathischen Prinzip zu einer Abschwächung bis Auslöschung des krankhaften Signals führen. Diese Therapieschwingungen werden in den Körper geleitet oder in Tropfen oder Globuli imprägniert. Über die verschiedenen Elektroden lassen sich gezielt Akupunkturpunkte, Reflexpunkte und Störzonen behandeln, sodass sich die Heilimpulse in besonderer Weise ausbreiten können.

SO WERDEN DIE HEILKRÄFTE DES ORGANISMUS BESTÄRKT
und setzten sich gegenüber
den Störimpulsen der Krankheit wieder durch.
**In der Bioresonanz werden elektromagnetische
Heilimpulse von äußerst schwacher Reizstärke,
sogenannte ultrafeine Schwingungen eingesetzt.**

Dabei wird die Arndt-Schultz´sche Regel angewendet, welche besagt, dass schwache Reize die Heilkräfte anfachen, während stärkere Reize sie hemmen. Diese Regel liegt auch der Homöopathie zugrunde. Insofern ist es nicht falsch, bei Bioresonanz von apparativer Homöopathie zu sprechen.

ISABELLA HUMMEL
Heilkundliche Leitung

WISSENS·ZENTRUM FÜR
NATUR·HEIL·KUNDE
QUANTEN·MEDIZINISCHE
INFORMATIONS·ENERGETIC
NOETIK

RADIONISCHE QUANTEN·MEDIZIN

Am 16. Mai 2010 gewinnt QUANTEC als
"System der instrumentellen Biokommunikation"
unter zahlreichen Mitbewerbern die GOLDMEDAILLE für die
beste Innovation im Bereich der GESUNDHEITS·ENTWICKLUNG.

Der Präsident der internationalen Jury, die den Preis vergab:
Professor Dr.med. B.A.Astafev · Russische Akademie der Naturwissenschaften

RADIONIK
ANALYSE UND LÖSUNG

Mit Radionik und der Technologie der Quantenphysik,
haben wir die Möglichkeit
DAS BEWUSST·SEINS·FELD EINES MENSCHEN ZU ANALYSIEREN,
SCHWACHSTELLEN ZU ERKENNEN
UND DIESE MIT EINER GEEIGNETEN RESONANZ·INFORMATION ZU
HARMONISIEREN BZW. AUSZUGLEICHEN.

RADIONIK
IST EINE GEISTIGE METHODE DER FERNHEILUNG,
DIE DEM ANWENDER
DURCH SPEZIELL KONSTRUIERTE GERÄTE ERMÖGLICHT,
SEINE FÄHIGKEITEN UND SEIN BEWUSST·SEIN
IN HOHER KONZENTRATION
AUF DIE SCHÖPFERISCHE INTELLIGENZ AUSZURICHTEN.

UM IN DEM LEBENSFELD EINES MENSCHEN,
EINES TIERES, EINER PFLANZE ODER EINES HAUSES -

DIE URSACHEN VON STÖRUNGEN ZU ERMITTELN
UND HARMONISIEREND AUF DIESE EINZUWIRKEN.

ISABELLA HUMMEL
Heilkundliche Leitung

HAT DIE NATUR HEILENDE WIRKUNG ?

DAS GEHEIMNIS
DES SCHLOSSPARKS POTTENDORF

Bruce Lipton

INTELLIGENTE ZELLEN

www.koha-verlag.de

✦

Tauche ein in eine "andere Welt"
und lass die einzigartige Stimmung
mit so viel Kraft und liebevoller Energie
und Lebensfreude
auf dich wirken !
Es ist, als würde man die Zeit anhalten...

✦

AUF DIE UMWELT KOMMT´S AN !

Mein Professor und Mentor war Irv Konigsberg, ein überragender
Wissenschaftler. Im Laufe der Zeit erkannte ich, dass der Rat
meines Professors der Schlüssel zum Verständnis des Lebens
war. Und immer wieder fand ich Irvs Rat bestätigt.

"WENN ICH MEINEN ZELLEN
EINE GESUNDE UMGEBUNG ANBOT,
DANN GEDIEHEN SIE,

war die Umgebung nicht optimal,
dann kümmerten sie vor sich hin.

DOCH SOBALD
ICH IHRE UMGEBUNG DANN VERBESSERTE,
ERHOLTEN SICH DIE ZELLEN."

 *Schloss Pottendorf*
Alte Schlossmühle

Was aktiviert Gene ? Die Antwort wurde 1990 in einem Artikel von H.F.Nijhout unter dem Titel "Metaphors at the role of genes und development" (Nijhout 1990) schlüssig dargestellt. Nijhout stellte fest, **die Annahme, die Gene steuerten die Lebensvorgänge**, sei so lange und so oft wiederholt worden, dass die Wissenschaftler vergessen hätten, dass es sich dabei um **eine Hypothese** und nicht um Tatsache handelte.

Nijhout folgerte:

"WIRD EINE GEN·WIRKUNG BENÖTIGT,
SO WIRD DIESES GEN
- DURCH EIN SIGNAL AUS DER UMGEBUNG -
UND **NICHT** AUS DEM GEN SELBST HERAUS
AKTIVIERT."

Mit anderen Worten:
"AUF DIE UMWELT KOMMT´S AN."

DAS GEHEIMNIS
DES SCHLOSSPARKS POTTENDORF
IST SEINE WIRKUNG
ALS BIOPHYSIKALISCHER VERSTÄRKER -
FÜR DIE KRAFT DER HARMONIE
UND LEBENS·FREUDE

Danksagung

Natürlich gilt mein Dank:

Siglinde Schnitzler
für ihre wundervollen "Märchen"

desweiteren:

Isabella Hummel
meinem Kooperationspartner
im Auftrag der Firma "W.I.R."

Martina Reichlin-Meldegg
die mit ihrem persönlichen Einsatz
das Projekt "Gesamtkunstwerk" startete und
"last no least"

Angela Mayer
deren mitfühlendes Herz - voll des Vertrauens -
die Fertigstellung der ersten Baustufe ermöglichte.

Isabella Nefertari
wacht über den weiteren Ausbau
und sorgt gemeinsam mit Tothmosis III, und den
Hütern der Weisheit der großen Pyramide zu Giseh
für die Vollendung des Werkes !
und ohne dem Genie von

Birgit Figl
gäbe es nicht diese so harmonische Gestaltung

Danke ! H.R.H.

LOCUS · FELIX
DER GLÜCKLICHE ORT
Schloss Pottendorf

THE MAGIC · POWER OF
HAPPINESS